LA FÉCONDITÉ DE NOS OUI

Ouvrages du même auteur aux EdB :

– *L'accompagnement spirituel*, Coll. PTS, 1998*.

– *Fils et filles du Père, Grandir dans la vie filiale*, Coll. PTS, 2022.

– *L'oraison, Oxygène du croyant*, Sous la direction de P. Jacques Philippe et Sr Anne de Jésus, 2023*.

*Disponibles en livre numérique sur : www.editions-béatitudes.com

Sauf mention contraire, les citations bibliques de cet ouvrage sont extraites de la traduction A.E.L.F.

ISBN : 979-10-306-0534-1

Conception de la couverture : Philippe Guitton – LectioStudio

Sœur Anne de Jésus

LA FÉCONDITÉ DE NOS OUI

EdB

INTRODUCTION

Oui… un simple mot d'à peine trois lettres, mais qui en dit long quand il reflète les dispositions de notre cœur face à Dieu.

Cette thématique est si importante pour notre trajectoire spirituelle qu'elle peut constituer un véritable axe de vie. Axe selon lequel notre existence pourra se déployer dans une orientation de don toujours croissant, de liberté intérieure et, au final, de sainteté.

Au long de ces pages, nous allons tout d'abord contempler le *oui* de Dieu lui-même en Jésus, celui de Marie et celui de saint Joseph. De quoi nous inspirer intérieurement… Nous aborderons ensuite une expression biblique fort parlante : « *Me voici* ». Puis nous traiterons de la nécessité de savoir dire *non* pour pouvoir dire *oui*. Nous évoquerons ensuite un sujet délicat mais important : qu'entend-on au juste par « la volonté de Dieu » ? Cette volonté à laquelle nous sommes invités à nous ouvrir et à répondre. Nous poursuivrons en proposant quelques moyens concrets pour nous aider à croître dans cette disposition fondamentale impliquée par le *oui* pour finir par en évoquer la grande fécondité.

Si jamais nous avions besoin de nous convaincre de l'importance du sujet abordé, rappelons-nous que l'une des demandes adressées quotidiennement à notre Père du Ciel, dans la prière que Jésus nous a lui-même enseignée, s'y rapporte : *« Que ta volonté soit faite sur la terre comme au Ciel »* (Mt 6, 10).

Puisse l'Esprit Saint guider chacun de nos cœurs et les rendre de plus en plus dociles et généreux pour répondre à l'appel que Dieu fait résonner en chacun de nous.

Chapitre I

À L'ÉCOLE DE LA SAINTE FAMILLE

1. Le *oui* de Jésus

Ne l'oublions jamais : Jésus est notre modèle en toutes choses… Cela place la barre très haut, mais nous ne devons pas pour autant le perdre de vue. Cela ne doit d'ailleurs aucunement nous effrayer ni nous décourager, car, s'il est notre modèle, il est également notre compagnon de route et Celui par qui toute grâce nous est donnée. Il est également *« le Chemin, la Vérité et la Vie »* (Jn 14, 6), et donc Celui que nous devons apprendre, sans cesse, à écouter. Voici ce que dit sainte Thérèse d'Avila à ce sujet : « Il est notre modèle. On n'a rien à redouter lorsqu'on suit ses conseils, dans la seule vue de lui plaire[1]. »

Apprenons donc à écouter ses conseils, à le regarder pour tout apprendre de lui, et réjouissons-nous de ce que la volonté de Dieu nous est si clairement révélée en son Fils. En effet, nulle énigme à ce sujet ! Quiconque souhaite conformer sa vie à ce que Dieu désire n'a qu'à se mettre à l'écoute de l'Évangile et à regarder Jésus pour savoir à quoi il est appelé. Nous ne pouvons prétendre ignorer à quoi Dieu nous appelle vraiment, ce qui réjouit son cœur, car l'Évangile nous le dit clairement. Nous savons cependant que cet accomplissement du désir de Dieu sur nous ne se fera pas en un jour ; cela demandera le travail de toute une vie : notre travail, soutenu par la grâce de Dieu, et son œuvre en nous.

Si donc nous regardons Jésus, voici ce qui nous est dit de lui, au commencement de sa vie sur terre, par l'Épître aux Hébreux :

> *« Aussi, en entrant dans le monde, le Christ dit : "Tu n'as voulu ni sacrifice ni offrande, mais tu m'as formé un corps. Tu n'as pas agréé les holocaustes ni les sacrifices pour le péché ; alors, j'ai dit : Me voici, je suis venu, mon Dieu,*

1. Sainte Thérèse d'Avila, *Vie* 15, 13.

pour faire ta volonté, ainsi qu'il est écrit de moi dans le Livre" » (He 10, 5-7).

Quel merveilleux passage des Écritures ! Il met en relief à quel point cette disposition dont nous traitons est essentielle. Au point que ce soit celle du Christ lui-même en son humanité divine. Il fait d'ailleurs écho à d'autres versets des Écritures :

> « *Car le Fils de Dieu, le Christ Jésus, que nous avons annoncé parmi vous, Silvain et Timothée, avec moi, n'a pas été "oui et non" ; il n'a été que "oui". Et toutes les promesses de Dieu ont trouvé leur "oui" dans sa personne. Aussi est-ce par le Christ que nous disons à Dieu notre "amen", notre "oui", pour sa gloire* » (2 Co 1, 19-20).

> « *À l'ange de l'Église qui est à Laodicée, écris : Ainsi parle celui qui est l'Amen, le témoin fidèle et vrai, le principe de la création de Dieu* » (Ap 3, 14).

Ce *oui* relève donc de l'identité même de Jésus. Le Christ n'est que *oui* à la volonté du Père. Nous pouvons comprendre par-là que ce *oui* que nous sommes appelés à faire nôtre, de plus en plus, n'a rien d'une option de la vie spirituelle, mais en est une dimension essentielle.

Nous voyons également combien cette disponibilité et cette obéissance à la volonté du Père sont un véritable fil rouge de la vie de Jésus. Les paroles et les événements qui en témoignent sont si nombreux que nous ne saurions tous les évoquer ici. Mais chacun de nous pourrait en faire l'objet de sa recherche et de sa méditation personnelle, et en tirerait grand profit spirituel.

Notons simplement quelques paroles significatives de Jésus lorsqu'il affirme par exemple à ses disciples : *« Ma nourriture, c'est de faire la volonté de Celui qui m'a envoyé et d'accomplir son œuvre »* (Jn 4, 34) ou, lorsque, au plus fort de l'agonie, il choisit de demeurer dans ce *oui* au Père : *« Mon Père, s'il est possible, que cette coupe passe loin de moi ! Cependant, non pas comme moi, je veux, mais comme toi, tu veux »* (Mt 26, 39).

« Jésus est mon modèle, Jésus est ma force, Jésus est ma vraie consolation[2] », s'écriait sainte Bernadette. Faisons nôtre cette prière et demandons à Jésus de nous entraîner à sa suite…

Nous le comprenons bien : si Jésus peut demeurer dans cette disponibilité, ce don, cette ouverture, au

2. Sainte Bernadette Soubirous, *Carnet de notes intimes*, © Archives Sœurs de la Charité de Nevers, 2008, p. 36.

plus fort de l'épreuve, c'est en raison de sa confiance inconditionnelle dans le Père. C'est évidemment dans cette connaissance véritable du Père, de son amour pour lui et de son dessein d'amour sur l'humanité, que Jésus puise la force de ne pas se dérober, mais d'aller jusqu'au bout de sa mission. Il en sera de même pour nous : ce n'est qu'en grandissant dans la confiance en Dieu que notre *oui* pourra se déployer et s'enraciner en notre existence. On ne saurait se livrer à une Personne dont nous ne serions pas sûrs.

Lorsque nous peinons sur le chemin, lorsque la volonté de Dieu ne nous paraît pas « bonne », parce qu'elle heurte nos conceptions, nos aspirations, ou lorsque la souffrance – non voulue de Dieu – semble envahir notre existence et voile à nos yeux le dessein bienveillant du Père à notre égard, fixons le regard sur Jésus, sur sa confiance indéfectible dans le Père, sur son attitude si profondément filiale. Cela nous encouragera, nous stimulera, nous aidera à garder le bon cap.

2. Le *oui* de la Vierge Marie

Si Jésus est notre modèle, il nous est également bon de contempler notre Mère, la Vierge Marie, et de chercher à l'imiter elle aussi. Peut-être nous semblera-t-elle d'ailleurs plus imitable, en ce sens où elle n'est pas Dieu, mais une simple créature comme chacun de nous ? Elle nous est, en tous les cas, donnée comme Mère (cf. Jn 19, 27), comme sœur, comme amie… et nul ne saurait progresser dans les voies spirituelles sans s'en remettre à elle avec confiance et sans se laisser transformer par le seul fait de la regarder et de se laisser regarder par elle.

Toute la vie de la Vierge Marie est un *oui* constant à Dieu, à sa volonté, à son projet d'amour sur elle. Mais nous pouvons bien sûr particulièrement percevoir cette disposition intérieure mariale lors du récit de l'Annonciation. Il nous est connu, mais demandons la grâce de l'accueillir à nouveau, « à neuf », et de le laisser résonner dans notre cœur, en particulier avec ces splendides paroles de Marie[3] : « *Voici la servante*

3. Avant de poursuivre, nous conseillons de lire en entier le passage évangélique concerné : Lc 1, 26-38.

du Seigneur ; que tout m'advienne selon ta parole » (Lc 1, 38).

Merveilleuse disponibilité du cœur de Marie ! Et merveilleuse simplicité, également, qui lui permet de dialoguer avec l'ange, de poser les questions qui habitent son cœur tout en demeurant pleinement ouverte à l'imprévisible, à l'inouï de Dieu. Il est beau de contempler ici une liberté humaine pleinement épanouie, qui sait se situer devant Dieu, face à lui, mais non contre lui ; une liberté qui, se sentant dépassée par le projet divin, ne se dérobe cependant pas à celui-ci. Nous avons tant à apprendre et à recevoir de la Vierge Marie…

Laissons ici résonner en nos cœurs cet extrait bien connu d'un sermon de saint Bernard, mais qui est si beau qu'on ne saurait se lasser de l'entendre :

> « Tu l'as entendu, ô Vierge : tu concevras un fils, non d'un homme – tu l'as entendu – mais de l'Esprit Saint. L'ange, lui, attend ta réponse : il est temps pour lui de retourner vers celui qui l'a envoyé. Nous aussi, nous attendons, ô Notre Dame. Accablés misérablement par une sentence de condamnation, nous attendons une parole de pitié. Or voici, elle t'est offerte, la rançon de notre salut. Consens, et aussitôt nous serons libres. Dans le Verbe éternel de Dieu, nous avons tous été

créés ; hélas, la mort fait son œuvre en nous. Une brève réponse de toi suffit pour nous recréer, de sorte que nous soyons rappelés à la vie.
[…] Cette réponse, le monde entier l'attend, prosterné à tes genoux. Et ce n'est pas sans raison, puisque de ta parole dépendent le soulagement des malheureux, le rachat des captifs, la délivrance des condamnés, le salut enfin de tous les fils d'Adam, de ta race entière. Ne tarde plus, Vierge Marie. Vite, réponds à l'ange, ou plutôt, par l'ange réponds au Seigneur. Réponds une parole et accueille la Parole : prononce la tienne et conçois celle de Dieu ; profère une parole passagère et étreins la Parole éternelle.
Pourquoi tarder ? Pourquoi trembler ? Crois, parle selon ta foi et fais-toi tout accueil. Que ton humilité devienne audacieuse, ta timidité, confiante. Certes il ne convient pas en cet instant que la simplicité de ton cœur virginal oublie la prudence ; mais, en cette rencontre unique, ne crains point la présomption, Vierge prudente. Car si ta réserve fut agréable à Dieu dans le silence, plus nécessaire maintenant est l'accord empressé de ta parole. Heureuse Vierge, ouvre ton cœur à la foi, tes lèvres à l'assentiment, ton sein au Créateur […].
Voici, dit-elle, la servante du Seigneur : que tout se passe pour moi selon ta parole [4]. »

4. Saint BERNARD, *Sermon sur les louanges de la Vierge Marie.*

Cette méditation de saint Bernard se passe de commentaires... Chacun pourra prendre le temps de la relire. Notons simplement qu'y transparaissent la fécondité du *oui* de Marie et tout l'enjeu de sa réponse. Retenons cela en nos cœurs, car il y a là quelque enseignement à retenir également pour nous. Nous y reviendrons.

C'est avec le pape Benoît XVI que nous clôturerons cette brève évocation du *oui* de Marie, le reliant au *oui* de Jésus lui-même dont il est évidemment inséparable :

> « "Pleine de grâce", la grâce n'étant rien d'autre que l'amour de Dieu, c'est ainsi que nous pourrions *in fine* traduire "aimée" de Dieu (cf. Lc 1, 28). Il s'agit d'un titre exprimé sous forme passive, mais cette "passivité" de Marie qui est depuis toujours et pour toujours l'"aimée" du Seigneur implique son libre consentement, sa réponse personnelle et originale, dans le fait d'être aimée, en recevant le don de Dieu, Marie est pleinement active, car elle accueille avec une disponibilité personnelle la vague de l'amour de Dieu, qui se déverse sur elle. En cela également, elle est la parfaite disciple de son Fils qui, à travers l'obéissance à son Père, réalise entièrement sa propre liberté et, précisément de cette manière, exerce la liberté, en obéissant. Face au mystère de ces deux "me voici", le

“me voici” du Fils et le “me voici” de la mère, qui se reflètent l’un dans l’autre et forment un unique *amen* à la volonté d’amour de Dieu, nous demeurons émerveillés et, remplis de reconnaissance, nous adorons [5]. »

3. Le *oui* de saint Joseph

Il est moins fréquent de méditer sur l’Annonciation faite à saint Joseph et sur les dispositions de cet homme juste, dont la présence dans l’histoire du salut est cependant si déterminante. Prenons donc quelques instants pour nous pencher sur cette figure si belle et inspirante de la Sainte Famille, en commençant par écouter à nouveau ce que nous en disent les récits évangéliques.

Diverses interprétations existent concernant les raisons qui ont poussé saint Joseph à envisager de répudier Marie, certes en secret pour lui éviter la mort. Il nous semble difficile d’adhérer à celles qui considèrent que Joseph ait pu avoir un quelconque doute au sujet de sa fiancée. Ce qui est plus probable,

---

5. Pape Benoît XVI, Homélie du 25 mars 2006, www.vatican.va.

c'est que, déjà dépassé par l'annonce de la venue du Messie en sa fiancée, il ait été lui-même saisi de crainte face à un tel mystère et ait donc éprouvé le besoin de s'en éloigner. Mais, sur la parole de l'ange, il comprend que Dieu lui demande de prendre part à ce projet de salut, et son *oui* est total et immédiat : « *Quand Joseph se réveilla, il fit ce que l'ange du Seigneur lui avait prescrit : il prit chez lui son épouse, mais il ne s'unit pas à elle, jusqu'à ce qu'elle enfante un fils, auquel il donna le nom de Jésus* » (Mt 1, 24-25). Quelle leçon pour nous !

Notons de plus que cette promptitude à obéir aux demandes divines n'est pas isolée dans la vie de saint Joseph. Dès le chapitre suivant de l'évangile selon saint Matthieu, nous le voyons mettre en œuvre de manière immédiate ce que Dieu lui demande par l'intermédiaire de l'ange (cf. Mt 2, 13-15 et 2, 19-23). C'est par la qualité de son obéissance, de son *oui*, que saint Joseph peut mener à bien sa mission de veiller sur la Mère et l'Enfant. Cela ne se fait évidemment pas sans difficulté, et cela même nous rejoint dans nos propres existences. Écoutons ce bref extrait de la très belle lettre du pape François sur saint Joseph :

« La volonté de Dieu, son histoire, son projet, passent aussi à travers la préoccupation de Joseph. Joseph nous enseigne ainsi qu'avoir foi en Dieu comprend également le fait de croire qu'il peut agir à travers nos peurs, nos fragilités, notre faiblesse. Et il nous enseigne que, dans les tempêtes de la vie, nous ne devons pas craindre de laisser à Dieu le gouvernail de notre bateau. Parfois, nous voudrions tout contrôler, mais lui regarde toujours plus loin [6]. »

N'hésitons donc pas à solliciter l'aide de saint Joseph, en particulier lorsque les circonstances de la vie, ou la pédagogie de Dieu à notre égard – les deux s'associant souvent –, réclameront de nous des *oui* plus difficiles à donner.

6. Pape François, Lettre apostolique *Patris corde*, 2.

Chapitre II

« ME VOICI »

« *Me voici* »... une expression que l'on retrouve à maintes reprises dans l'Écriture. Mise dans la bouche de Jésus lui-même, comme nous l'avons déjà vu, elle revient sur les lèvres de divers personnages des Saintes Écritures et en dit long sur la disposition intérieure dont ce livre est l'objet.

Notons avant tout le « me », qui dit bien la présence d'un être en vis-à-vis de ce Dieu qui l'appelle. Nous ne le dirons jamais assez : Dieu désire entrer en relation avec nous, réellement. Il n'attend pas que nous soyons livrés entre ses mains telles des marionnettes sans personnalité, sans volonté, sans désirs. Non ! Il désire rencontrer un être de chair et de sang, un être doué de libre arbitre, d'intelligence, de volonté, de tant de capacités que lui-même a déposées en nous. Ne l'oublions jamais… et chassons de nos esprits et de nos cœurs ces fausses images qui, parfois, nous font croire que la liberté que Dieu nous a donnée n'est que fictive ou relative.

La vérité est que la liberté dont Dieu nous a dotés est une liberté « en travail ». Mais nous aborderons ce point dans le prochain chapitre. Retenons simplement ici l'importance de la présence de ce pronom personnel dans l'expression du *oui*.

1. Abraham, « notre père dans la foi »

S'il est bien une figure exemplaire, en termes de réponse à l'appel de Dieu, hormis bien sûr celles de la Sainte Famille déjà évoquées, c'est bien celle d'Abraham, notre père dans la foi (cf. Rm 4, 16). L'Écriture ne nous dit pas qu'Abraham a prononcé à voix haute ce « me voici » le jour où Dieu l'a appelé à tout quitter pour le suivre. Mais Abraham manifeste par ses actes cette disponibilité et cette obéissance à la parole divine que ces mots recèlent. Notons d'ailleurs, à cette occasion, qu'il ne s'agit évidemment pas pour nous de simplement prononcer des mots – *oui* ou encore *me voici* – car ceux-ci n'auraient aucune valeur s'ils n'étaient suivis d'actes concrets. Mais il n'est pas encore l'heure de développer ce point. Revenons à la figure exemplaire d'Abraham.

> *« Le Seigneur dit à Abram : "Quitte ton pays, ta parenté et la maison de ton père, et va vers le pays que je te montrerai. Je ferai de toi une grande nation, je te bénirai, je rendrai grand ton nom, et tu deviendras une bénédiction. Je bénirai ceux qui te béniront ; celui qui te maudira, je le réprouverai. En toi seront bénies toutes les familles de la terre." Abram s'en alla, comme le Seigneur le lui avait dit, et Loth s'en alla avec lui. Abram avait soixante-quinze ans lorsqu'il sortit de Harane »* (Gn 12, 1-4).

En toute confiance, Abram suit un Dieu qu'il ne connaît pas encore et qui lui indique d'aller vers un pays qu'il lui montrera. Dieu lui demande donc de se mettre en chemin sans lui dire où il le mènera. Que d'inconnues… Et cet homme, déjà âgé de soixante-quinze ans, se laisse ainsi déplacer, bousculer, sans mot dire ! Il met sa foi dans la promesse de Dieu et se met en route. Quel exemple pour nous…

Mais nous n'en avons pas fini avec Abraham car, dix chapitres plus tard, le livre de la Genèse nous rapporte un événement qui a de quoi nous édifier encore davantage, bien qu'il risque, au premier abord, de nous choquer. Dieu y demande à Abraham de sacrifier son fils, ce qui a déjà de quoi nous heurter ! Notons cependant ici que, dans certaines religions, ce genre de sacrifice existait alors. Mais – et c'est peut-être pire encore – Dieu demande à Abraham de sacrifier le fils de la promesse, ce fils que Dieu lui a donné. Il y a, pour le moins, de quoi perdre pied puisque le Seigneur semble se contredire. Comment suivre un Dieu qui semble incohérent ? Abraham avait de bonnes raisons de refuser d'obéir... Mais non, il se laisse conduire, là aussi, et ne met pas en doute Celui qu'il a choisi de suivre. Méditons cet épisode biblique :

> « *Après ces événements, Dieu mit Abraham à l'épreuve. Il lui dit : "Abraham !" Celui-ci répondit : "Me voici !" Dieu dit : "Prends ton fils, ton unique, celui que tu aimes, Isaac, va au pays de Moriah, et là tu l'offriras en holocauste sur la montagne que je t'indiquerai."*
> *Abraham se leva de bon matin, sella son âne, et prit avec lui deux de ses serviteurs et son fils Isaac. Il fendit le bois pour l'holocauste, et se mit en route vers l'endroit que Dieu lui avait indiqué* » (Gn 22, 1-3).

Une grande profondeur de relation et de confiance entre Dieu et Abraham transparaît dans ces versets !

Nous sommes là au seuil d'un mystère, et nous pourrions nous sentir, à juste titre, dépassés. Mais n'allons pas pour autant prêter à Dieu et à cet homme de foi des intentions ou des pensées qui ne leur correspondent pas.

Il fallait à Dieu une immense confiance pour oser éprouver Abraham à ce point, non pour son mal, mais au contraire pour son bien et celui d'une multitude. Et il fallait à Abraham une confiance en Dieu non moins grande pour obéir à un ordre si incompréhensible et pour se mettre en route, sans résistance ni récrimination aucune, dans la certitude d'une issue différente que Dieu assumerait lui-même : *« Dieu saura bien trouver l'agneau pour l'holocauste, mon fils »* (Gn 22, 8).

Nous pouvons retenir de ce passage que le *oui* que Dieu mendie de notre part peut sembler parfois déroutant, et nous conduire sur des chemins que nous aurions préféré éviter, mais dont l'issue sera toujours la vie et la bénédiction.

> *« Du ciel, l'ange du Seigneur appela une seconde fois Abraham. Il déclara : "[…] parce que tu ne m'as pas refusé ton fils, ton unique, je te comblerai de bénédictions, je rendrai ta descendance aussi nombreuse que les étoiles du ciel et que le sable au bord de la mer, et ta descendance*

occupera les places fortes de ses ennemis. Puisque tu as écouté ma voix, toutes les nations de la terre s'adresseront l'une à l'autre la bénédiction par le nom de ta descendance" » (Gn 22, 15-18).

2. Moïse, l'hésitant

Si nous nous permettons ici d'attribuer ce qualificatif à Moïse, ce n'est certes pas dans l'intention de ternir la beauté de cette figure biblique si inspirante. Mais c'est à dessein que nous choisissons toutefois de mettre en relief cet aspect du comportement de Moïse face à l'appel de Dieu. Un aspect seulement, aussi invitons-nous chacun à recevoir ce message tel que nous désirons le délivrer. Cela n'enlève rien à la grandeur de la réponse que Moïse a faite à l'appel de Dieu sur lui, et nous savons à quel point elle fut déterminante dans l'histoire du salut.

Il nous est bon, cependant, de ne pas passer outre les défaillances de tel ou tel personnage, que l'Écriture d'ailleurs ne nous cache pas. Et concernant Moïse, ses résistances et ses combats face aux demandes, certes très exigeantes de Dieu à son égard, sont évidentes.

Évoquons-les donc en citant quelques passages des Écritures, puis en les commentant brièvement.

> *« Moïse dit à Dieu : "Qui suis-je pour aller trouver Pharaon, et pour faire sortir d'Égypte les fils d'Israël ?" Dieu lui répondit : "Je suis avec toi. Et tel est le signe que c'est moi qui t'ai envoyé : quand tu auras fait sortir d'Égypte mon peuple, vous rendrez un culte à Dieu sur cette montagne."*
> *Moïse répondit à Dieu : "J'irai donc trouver les fils d'Israël, et je leur dirai : 'Le Dieu de vos pères m'a envoyé vers vous.' Ils vont me demander quel est son nom ; que leur répondrai-je ?" Dieu dit à Moïse : "Je suis qui je suis. Tu parleras ainsi aux fils d'Israël : 'Celui qui m'a envoyé vers vous, c'est : JE-SUIS'" »* (Ex 3, 1-15).

Fascinant dialogue entre Dieu et Moïse, et riche d'enseignements pour nous – il vaut la peine de lire la totalité de ce passage biblique : Ex 3, 1-15. Remarquons tout d'abord les belles dispositions de Moïse. Voyant un buisson qui brûle sans se consumer, il s'y intéresse et fait un détour pour voir ce qu'il en est. Cette saine curiosité est positive. Face à l'appel initial de Dieu, il répond : *« Me voici »* (Ex 3, 4). Puis, face aux demandes de Dieu, qui lui paraissent certainement et à juste titre incongrues, il objecte sa non-qualification pour le poste ! « *Qui suis-je ?* » (Ex 3, 11). Question à laquelle Dieu ne répondra pas... L'appui que Dieu donne à Moïse ne se trouve pas en ses propres compétences, mais en Dieu : « *JE-SUIS* » (Ex 3, 14).

Remarquons cependant, et cela a de quoi nous réconforter, que ces résistances et hésitations de Moïse ne l'empêcheront pas d'accomplir la mission que Dieu lui a confiée. Pourtant, il ira jusqu'à proposer à Dieu un autre casting ! Ce passage mérite lui aussi d'être cité :

> « *Moïse dit encore au Seigneur : "Pardon, mon Seigneur, mais moi, je n'ai jamais été doué pour la parole, ni d'hier ni d'avant-hier, ni même depuis que tu parles à ton serviteur ; j'ai la bouche lourde et la langue pesante, moi !"* [...] *Moïse répliqua : "Je t'en prie, mon Seigneur, envoie n'importe quel autre émissaire"* » (Ex 4, 10-13).

Nous voyons donc se jouer, dans le cœur de Moïse, un véritable combat entre sa disposition d'écoute et d'obéissance envers Dieu, et des résistances qui surgissent en lui, et qu'il ne manque pas d'exprimer en toute sincérité et simplicité. Ne nous arrive-t-il pas d'en faire autant ? Il semble que Moïse dise à Dieu : « Qui tu veux, mais pas moi ! », alors même qu'il désire faire sa volonté et que la suite de son parcours témoignera en sa faveur.

Il n'empêche que ses résistances auront obligé Dieu à « revoir la donne », si l'on peut dire, en associant de plus près son frère Aaron à son œuvre. Nous ne sommes évidemment pas habilités à prononcer un quelconque jugement à ce sujet, mais nous pouvons nous émerveiller de l'attitude d'un Dieu qui accepte de dialoguer avec nous et qui parvient à accomplir son œuvre de salut en prenant en compte nos résistances et nos défaillances.

3. Samuel, l'écoutant

Il est un passage des Écritures que l'expression « me voici » scande et qui révèle, de magnifique façon, cette disposition intérieure si belle d'un cœur qui écoute, qui se rend disponible à la Parole de Dieu. La figure du jeune Samuel est vraiment splendide alors même qu'au départ, il ne sait pas reconnaître que c'est Dieu lui-même qui l'appelle. Aussi nous invitons chacun à lire ce passage du premier livre de Samuel : 1 S 3, 1-11.

Que retenir de ce passage ? D'une part, la disponibilité du cœur de cet enfant… qui, même la nuit – ce n'est pas le moment où nous sommes a priori le mieux disposés à être « dérangés » ! – se lève immédiatement, et ce à plusieurs reprises. Entendant l'appel d'une voix qu'il attribue au prêtre Eli, chargé de sa formation, il prononce de tout cœur son *« me voici »*. Nous le voyons donc, c'est l'ouverture de son cœur à autrui, à une médiation, qui le dispose à entendre la voix de Dieu. Cela en dit long pour nous, et nous ne manquerons pas d'y revenir.

D'autre part, la réponse que Samuel adresse à Dieu a beaucoup à nous enseigner. *« Parle, Seigneur, ton serviteur écoute. »* Samuel se situe comme un serviteur de Dieu. Il est plus prompt à écouter qu'à parler. Et il a foi en un Dieu qui parle, qui a beaucoup à nous dire… et qui se plaît à le faire. Alors même que, nous dit l'Écriture, *« la parole du Seigneur était rare en ces jours-là, et la vision, peu répandue »* (1 S 3, 1). Son cœur ne s'est donc pas laissé ronger par le doute. Dieu semble silencieux, peut-être même absent, mais Samuel lui demande avec confiance de lui parler, puisqu'il est venu, pour ainsi dire, toquer à la porte de son cœur. À l'exemple de Samuel, ne doutons pas de la présence de Dieu ni de son désir de nous parler, et disposons-nous à l'écouter…

4. Quelques récits d'appels

Pour clore ce chapitre, que l'on pourrait évidemment largement prolonger, évoquons le récit de quelques appels bibliques. Nous les avons volontairement choisis dans l'Ancien Testament, car ils sont généralement moins connus que ceux des Évangiles. Or, ils sont fort riches d'enseignements.

Les Saintes Écritures relatent l'appel des prophètes Jérémie et Jonas, ainsi que du juge d'Israël, Gédéon, qui, pour avoir ensuite accompli leur mission, l'ont respectivement contestée ou refusée dans un premier temps, ou ont demandé à Dieu de multiplier ses signes avant de prononcer leur *oui*.

> *« La parole du Seigneur me fut adressée : "Avant même de te façonner dans le sein de ta mère, je te connaissais ; avant que tu viennes au jour, je t'ai consacré ; je fais de toi un prophète pour les nations." Et je dis : "Ah ! Seigneur mon Dieu ! Vois donc : je ne sais pas parler, je suis un enfant !" Le Seigneur reprit : "Ne dis pas : 'Je suis un enfant !' Tu iras vers tous ceux à qui je t'enverrai ; tout ce que je t'ordonnerai, tu le diras. Ne les crains pas, car je suis avec toi pour te délivrer – oracle du Seigneur" »* (Jr 1, 4-8).

Nous pouvons aisément comprendre la réaction de Jérémie ! Dieu a beau lui dire qu'il le connaît de toute éternité, cela ne suffit pas à le rassurer sur le choix que le Seigneur a fait de lui. Il se regarde lui-même plutôt que de se fier à la parole de Dieu et à son regard. Mais le Seigneur ne semble aucunement s'en offusquer ; face au doute que Jérémie émet sur les paroles de Dieu, Dieu oppose à Jérémie ses propres doutes sur celles qu'il vient de prononcer : « *Ne dis pas...* » Il semble aisément remporter la victoire en agissant lui-même. Il touche la bouche de Jérémie et lui fait entendre que l'autorité dont il l'investit vient d'en-haut et non des capacités du futur prophète :

> « *Puis le Seigneur étendit la main et me toucha la bouche. Il me dit : "Voici, je mets dans ta bouche mes paroles ! Vois : aujourd'hui, je te donne autorité sur les nations et les royaumes, pour arracher et renverser, pour détruire et démolir, pour bâtir et planter"* » (Jr 1, 9-10).

Évoquons à présent le récit bien connu de Jonas, celui qui séjourna trois jours dans le ventre d'un gros poisson. Jonas, quant à lui, ne conteste pas verbalement l'ordre divin. Mais il parle par ses actes, et comment ! Il se lève après avoir entendu la parole de Dieu, mais pour aller à l'exact opposé de la direction que Dieu vient de lui indiquer. Il cherche à s'enfuir loin de la face de Dieu.

« La parole du Seigneur fut adressée à Jonas, fils d'Amittaï : "Lève-toi, va à Ninive, la grande ville païenne, et proclame que sa méchanceté est montée jusqu'à moi." Jonas se leva, mais pour s'enfuir à Tarsis, loin de la face du Seigneur » (Jon 1, 1-2).

Jonas a le mérite de se positionner clairement – ce qu'il fera tout au long du récit –, ne manquant pas d'exprimer à Dieu son désaccord qui va bien au-delà de la mission qu'il veut lui confier. C'est l'être même de Dieu qu'il conteste, au point de préférer mourir plutôt que de rendre les armes et d'accueillir Dieu tel qu'il est, non tel qu'il voudrait qu'il soit :

« Jonas trouva la chose fort mauvaise et se mit en colère. Il fit cette prière au Seigneur : "Ah ! Seigneur, je l'avais bien dit lorsque j'étais encore dans mon pays ! C'est pour cela que je m'étais d'abord enfui à Tarsis. Je savais bien que tu es un Dieu tendre et miséricordieux, lent à la colère et plein d'amour, renonçant au châtiment. Eh bien, Seigneur, prends ma vie ; mieux vaut pour moi mourir que vivre" » (Jon 4, 1-3).

Nous voyons ici, d'une part, l'intensité que nos résistances peuvent parfois avoir, face à la volonté de Dieu, à ce qu'il demande et même à la façon dont il se révèle. D'autre part, le livre de Jonas – si bref que nous vous conseillons de faire ici une pause et de le lire en entier – nous montre aussi la persévérance et la patience de Dieu envers Jonas, ainsi que la manière dont il cherche à l'éduquer et à conquérir son cœur. Un verset nous montre tout de même l'obéissance de ce prophète, finalement : *« Jonas se leva et partit pour Ninive, selon la parole du Seigneur »* (Jon 3, 3).

Penchons-nous à présent sur une figure des plus attachantes, celle de Gédéon. Appelé par Dieu à sauver son peuple – tel fut le rôle des différents Juges qui se succédèrent en Israël –, il multiplie les erreurs, pourrait-on dire. Certes, avec une certaine politesse dans sa manière de s'adresser à Dieu. Mais cela ne change en rien le fond de son positionnement.

Il commence par contester le fait même que Dieu soit avec son peuple. Il met donc en cause la fidélité de Dieu, ce qui n'est pas rien ! Il fait certes mémoire des hauts faits de Dieu par le passé, mais il ne semble pas convaincu que cette fidélité puisse aujourd'hui se manifester :

« L'ange du Seigneur lui apparut [à Gédéon] *et lui dit : "Le Seigneur est avec toi, vaillant guerrier !" Gédéon lui répondit : "Pardon, mon Seigneur ! Si le Seigneur est avec nous, pourquoi tout ceci nous est-il arrivé ? Que sont devenus tous ces prodiges que nous ont racontés nos pères ? Ils nous disaient : 'Est-ce que le Seigneur ne nous a pas fait monter d'Égypte ?' Mais aujourd'hui le Seigneur nous a abandonnés, en nous livrant au pouvoir de Madiane…" »* (Jg 6, 12-13).

Va ensuite s'engager une autre discussion. Celle-ci semble concerner plutôt Gédéon lui-même et sa capacité à accomplir la mission demandée. Notons que Dieu l'a précédemment appelé *« vaillant guerrier »*, mais cela ne paraît pas avoir convaincu Gédéon. Il est pourtant bien connu dans la tradition juive que notre nom indique notre identité et que notre identité nous est donnée par Dieu. Mais non, Gédéon n'y adhère pas ! Il a une tout autre vision de lui-même et ne manque pas de le dire :

« Alors le Seigneur regarda Gédéon et lui dit : "Avec la force qui est en toi, va sauver Israël du pouvoir de Madiane. N'est-ce pas moi qui t'envoie ?" Gédéon reprit : "Pardon, mon Seigneur ! Comment sauverais-je Israël ? Mon clan est le plus faible dans la tribu de Manassé, et moi je suis

le plus petit dans la maison de mon père !" Le Seigneur lui répondit : "Je serai avec toi, et tu battras les Madianites comme s'ils n'étaient qu'un seul homme" » (Jg 6, 14-16).

Puis va se dérouler sous nos yeux, à la lecture du récit biblique, un événement qui devrait, pour le moins, nous étonner et nous émerveiller. Il semble en effet qu'il y ait là une véritable inversion des rôles. Comme Gédéon n'est pas encore disposé à obéir à l'ordre de Dieu avec confiance, il va, ni plus ni moins, mettre Dieu à l'épreuve et, pour ainsi dire, lui indiquer ce que celui-ci doit faire pour le convaincre !

« *Gédéon lui dit : "Si j'ai trouvé grâce à tes yeux, donne-moi un signe que c'est bien toi qui me parles. Ne t'éloigne pas d'ici avant que je revienne vers toi. Je vais chercher mon offrande et je la placerai devant toi." Le Seigneur répondit : "Je resterai jusqu'à ton retour"* » (Jg 6, 17-18).

C'est Gédéon qui ordonne les choses, et Dieu va, à trois reprises, accomplir les signes qu'il lui demande. Incroyable, mais vrai…

Inouïe patience de notre Dieu et insondable humilité qui l'incitent à s'adapter à nous et à chercher mille moyens de gagner nos cœurs à la confiance et à l'obéissance à sa volonté. N'avons-nous pas besoin, nous aussi, à l'image de ce vaillant guerrier qui s'ignore, d'être confortés, bien souvent, dans notre foi et d'être rassurés par les signes que Dieu, dans sa bonté, nous accorde ?

Avouons-le : de tels récits nous réconfortent et il importe pour nous de voir que ce *oui* tant désirable ne monte pas spontanément de nos cœurs d'hommes et de femmes, et que les résistances et objections qui s'élèvent en nous ne sont finalement pas étonnantes. Cela ne veut évidemment pas dire qu'il faille les cautionner ni s'y installer, ni qu'il soit bon de provoquer Dieu et de le mettre à l'épreuve. Mais, lorsque nous butons et peinons à donner ce *oui* que Dieu mendie auprès de nous, ne croyons pas que nous sommes l'exception qui confirme la règle.

Pour conclure ces quelques récits d'appels, laissons-nous encourager par celui du prophète Isaïe qui, une fois purifié par Dieu, se propose généreusement pour devenir son messager. Telle est bien la disposition intérieure que nous voudrions voir grandir en notre cœur :

> « *Je dis alors : "Malheur à moi ! je suis perdu, car je suis un homme aux lèvres impures, j'habite au milieu d'un peuple aux lèvres impures : et mes yeux ont vu le Roi, le Seigneur de l'univers !" L'un des séraphins vola vers moi,*

tenant un charbon brûlant qu'il avait pris avec des pinces sur l'autel. Il l'approcha de ma bouche et dit : "Ceci a touché tes lèvres, et maintenant ta faute est enlevée, ton péché est pardonné." J'entendis alors la voix du Seigneur qui disait : "Qui enverrai-je ? qui sera notre messager ?" Et j'ai répondu : "Me voici : envoie-moi !" » (Is 6, 5-8).

Chapitre III

« QUE VOTRE NON SOIT NON ! »

N'est-il pas saugrenu de consacrer un chapitre entier à traiter du *non* dans un livre dont le thème est le *oui* ? Certes… non !

Jésus lui-même nous a dit : « *Que votre parole soit "oui", si c'est "oui", "non", si c'est "non". Ce qui est en plus vient du Mauvais* » (Mt 5, 37). Il est donc évident qu'un chemin de sainteté passe par la capacité à dire *oui* et à dire *non*, et donc par l'apprentissage du discernement.

Nous voudrions traiter ici, d'une part, du rejet du péché et, d'autre part, du discernement selon lequel nous devons apprendre à conduire nos existences. Discernement non seulement entre le bien et le mal, mais discernement également du « bien » qui convient pour nous, ici et maintenant, dans la condition de vie qui est la nôtre.

1. Le *non* au péché

Autant il nous est bon d'apprendre peu à peu à cheminer vers un *oui* de plus en plus plénier à Dieu, et ce, dans une confiance et un abandon entre ses mains de plus en plus grands, autant nous devons apprendre à rejeter avec force et sans compromission toute forme de mal et de péché. « *Vous n'avez pas encore résisté jusqu'au sang dans votre lutte contre le péché* [...] », dit l'auteur de l'Épître aux Hébreux (He 12, 4). Tel est le degré de résistance que nous sommes appelés à avoir face au péché. Une résistance à la vie à la mort, nous souvenant sans cesse que le péché, sous toutes ses formes, est opposé à l'amour et à la vie, et donc aux biens auxquels notre être le plus profond aspire.

La parole déjà citée de Jésus : « *Que votre parole soit "oui", si c'est "oui", "non", si c'est "non". Ce qui est en plus vient du Mauvais* » (Mt 5, 37), nous indique clairement la radicalité des choix que nous avons à poser. Il n'est certes pas à la mode de parler du péché, ni du diable – qui, soit dit en passant, œuvre d'autant plus efficacement qu'il arrive à se faire oublier et à faire croire qu'il n'existe pas. Or, il existe. Son pouvoir est limité et il nous faut bien davantage fixer notre regard sur Dieu, en qui nous croyons, et uniquement sur lui. Mais ne nous laissons pas égarer et tromper en minimisant l'action du Mauvais et ses ruses.

Quant au péché, tâchons de le considérer avec clairvoyance. Les classifications que l'Église en donne ont leur intérêt. Pourtant, les mises en garde que les Saintes Écritures et la Tradition de l'Église nous adressent à ce sujet peuvent nous sembler rébarbatives et contraignantes. Mais, croyons-le, il n'est rien qui ne nous tienne autant en esclavage que le péché, puisqu'il entrave nos capacités et aspirations au bien et à l'amour véritable.

On pourra certes prétendre que les exhortations en faveur de l'humilité et donc à l'encontre du péché d'orgueil sont d'un autre âge – pour prendre en exemple ce péché capital, parmi d'autres. L'enjeu n'est-il pas plutôt de donner une juste définition de l'humilité et de montrer en quoi le fait de grandir dans cette vertu épanouit l'être humain et le met dans le vrai ? Ce sont les fausses humilités ou les contrefaçons de celle-ci qui entravent notre liberté. Et l'on pourrait en dire autant de chaque péché capital, tels que la luxure, la jalousie, etc. Quand donc nous butons sur un aspect de l'enseignement de l'Église, plutôt que de le rejeter, prenons les moyens de bien nous former à son sujet. Les moyens et outils ne manquent pas, de nos jours, pour cela.

Regardons la vie et l'exemple des saints ! Est-il des êtres plus heureux et plus épanouis qu'eux ? Ils ont certes eu à lutter, eux aussi, et nul n'est devenu saint en un coup de baguette magique ou dès le berceau. Peut-être a-t-on manqué, à certaines époques, de montrer les luttes qui furent les leurs ? Les choses ont évolué, et nous ne pouvons que nous en réjouir. La manière de présenter leur parcours sait à présent mettre en relief ces luttes, et à quel point leur cheminement en valait la peine.

Si nous pouvions interroger l'un d'eux « en direct », aucun ne nous conseillerait de faire des concessions avec le péché et d'opter pour une vie chrétienne « à moitié ». Les « oui, mais… » n'ont pas leur place dans une vie chrétienne digne de ce nom. Il convient de nous positionner vraiment. Certes, nous tomberons, mais nous pourrons toujours nous relever, avec la grâce de Dieu. Mais si, d'emblée, nous optons pour un mode de vie et une orientation qui ne sont pas les bons, il sera beaucoup plus difficile d'aller de l'avant et de grandir en sainteté.

Évoquons à ce sujet sainte Thérèse d'Avila, qui ne mâche pas ses mots concernant la nécessité de nous engager résolument en faveur d'une vie vertueuse. Elle qui a l'art de prêcher en faveur d'une cohérence de vie – nous reviendrons sur cette cohérence, si importante – sait aussi employer des images fort parlantes :

> « Je le répète, il ne suffit pas que vous preniez pour base la prière et la contemplation. Si vous ne travaillez pas à acquérir les vertus, si vous ne vous exercez pas à les pratiquer, vous demeurerez des naines dans la vie spirituelle. Et encore, Dieu veuille que vous vous borniez à ne pas grandir ! Car, vous le savez, ne pas croître, c'est décroître. Et, en effet, quand l'amour est véritable, je regarde comme impossible qu'il se contente de demeurer stationnaire [7]. »

Concernant ce rejet du péché et donc cette recherche d'une vie vertueuse, il est évident qu'il n'existe pas, pour un cœur qui aime et veut aimer, de petit péché ou de « péché mignon », comme on ose

7. Sainte Thérèse d'Avila, *Le château intérieur*, « Septièmes Demeures » 4, 9.

le dire si faussement… Un péché est un péché ! Le repère est vraiment ici celui de l'amour. Car vouloir grandir dans la sainteté, ce n'est pas vouloir devenir « impeccable », « parfait » au sens de « sans défaut ». C'est une question d'amour… Me sachant et me découvrant toujours plus aimé de Dieu, je désire à mon tour l'aimer. Et quand on aime, rien ne nous fait plus horreur que de blesser l'être aimé. On devient sensible à ce qui touche l'autre, attentif à ce qui lui fait plaisir. À cela, va tendre notre relation à Dieu et donc au prochain.

Ne craignons pas de nous engager vigoureusement dans notre lutte contre le péché, notre péché. Prenons les moyens de nous former à ce sujet, sans bien sûr nous focaliser de manière outrancière sur ce point. Et, surtout, demandons à Dieu la grâce d'apprendre à mieux nous connaître, dans nos forces et nos qualités, mais aussi dans nos failles et nos mauvais penchants. Car l'inclination au péché ne se manifeste pas de la même manière chez tous. Connaître nos points faibles, et donc aussi la manière dont le Tentateur va essayer de se jouer de nous, sera un précieux atout dans notre lutte contre le péché comme dans toute forme de combat spirituel. Il s'agira également de fuir les occasions de péché, c'est-à-dire ce qui risque de nous y conduire, ce sujet étant étroitement lié à celui de la connaissance de soi.

2. Nécessité du discernement

Il est donc des circonstances où la seule réponse juste que nous ayons à donner sera un *non* aussi franc et massif que possible. Et le plus tôt sera le mieux car cela évite que la tentation ne s'infiltre et s'installe…

Mais le discernement à opérer dans nos vies ne se limite pas à cela. Ce n'est pas seulement au mal que nous serons appelés à dire *non*, mais aussi à des propositions qui, en tant que telles, n'ont pourtant rien de mauvais. De quoi s'agit-il au juste ?

Partons d'un constat : notre temps est limité ; nos capacités elles-mêmes le sont. Or, les besoins et sollicitations auxquels nous pouvons être confrontés ne le sont pas ! Qui de nous ne l'a pas déjà expérimenté ? La capacité à dire *non* va donc devoir s'exercer aussi face à des demandes qui ne sont pas mauvaises en soi, mais auxquelles il ne sera pas judicieux de répondre *oui*. Il est en effet des sollicitations auxquelles nous ne pouvons tout simplement pas répondre *oui*, que nous le voulions ou non, parce que la réalité nous rattrapera tôt ou tard si nous prenons un engagement excessif qui ne tient pas compte du réel.

Il est par exemple nécessaire de ne pas confondre une vraie générosité du cœur – qui nous rend disponibles et attentifs aux besoins et aux appels de notre prochain – avec une volonté déguisée de toute-puissance qui nous pousserait à voler au secours de tous et de toutes, au détriment de notre bon sens et en mettant en danger notre équilibre de vie. Il est inquiétant de voir combien de prêtres, de religieux, de laïcs engagés dans l'Église font des *burn-out* ou sont en risque de le faire, vu leur mode de vie. Il est de la responsabilité de chacun de nous de croître dans un juste discernement à ce sujet. Il ne s'agit pas de se (sur)protéger soi-même et de n'être capable d'aucun dépassement de soi ni d'aucune « folie » pour Dieu. Il s'agit de ne pas faire fi de notre humanité, de ses limites, en nous souvenant de placer la radicalité du don de soi là où elle doit être, réellement.

Il est un élément, pour le moins fondamental, qui peut nous aider ici : c'est une acceptation de fond quant à ce que nous sommes. Une acceptation qui part d'un constat de bon sens, mais qui n'est pas pour autant un acquis dans la pensée et la pratique de bon nombre de personnes. Ce constat est simple :

je ne suis pas… le Bon Dieu ! Je suis une créature. Je suis limité. Il faut donc résolument combattre tout ce qui s'apparente à une espèce de volonté de toute-puissance et à toute forme de « syndrome du sauveur ». Face à certaines détresses, face à certaines situations, je ne pourrai pas faire grand-chose, et cela n'a rien de fautif. Ces propos ne sont pas un appel à l'indifférence ni à la déresponsabilisation, mais un appel au discernement. Chacun de nous doit apprendre à discerner les lieux et circonstances où il est appelé à se donner, à répondre « présent », et les situations où il est sage, prudent, nécessaire de rester sur la réserve. Pas seulement par manque de temps, mais par manque de capacités… ou tout simplement parce que Dieu me montre que ce n'est pas à moi de répondre à ce besoin-là.

Nous y reviendrons ultérieurement en évoquant les moyens concrets pour grandir dans notre *oui*, mais signalons déjà que la réalité, d'une part, et notre vocation ou devoir d'état, d'autre part, seront évidemment des repères essentiels dans ce discernement.

Retenons déjà que, pour pouvoir dire un vrai *oui* quand nous sommes appelés à le faire, il nous faut grandir dans la capacité à savoir et à pouvoir dire *non*, sans que cela nous conduise à nous croire coupables de manques de charité, encore moins à douter de notre valeur. Car ce qui se joue ici va parfois jusque-là... Dire *non* est quelquefois la plus grande charité dont nous puissions faire preuve quand nous sommes confrontés à des demandes inadéquates ou irréalistes pour nous. Ce genre de propos a parfois du mal à être entendu, qui plus est en milieu catholique, tant on y prône, à juste titre d'ailleurs, la charité envers le prochain, l'attention à son égard et la disponibilité à pourvoir à ses besoins, quels qu'ils soient. L'expérience montre cependant que l'apprentissage de ce discernement est vraiment nécessaire et permet de cheminer vers un don de soi beaucoup plus juste et mature, et beaucoup plus généreux, au final, car davantage dégagé de nous-mêmes et de nos besoins.

Chapitre IV

LA VOLONTÉ DE DIEU

1. Un sujet… délicat !

Nous abordons ici un sujet quelque peu subtil et délicat, mais incontournable, nous semble-t-il, dans le cadre de ce propos. Car c'est bien d'un *oui* à la volonté de Dieu qu'il est question dans ces pages. Comment donc bien situer notre propos si nous ne clarifions pas ce que l'on entend par volonté de Dieu ?

Commençons par un constat : une telle expression, « volonté de Dieu », peut susciter réactions et pensées fort variées dans nos cœurs. Peut-être que cela vient toucher un désir : celui d'accomplir cette volonté ; mais peut-être aussi que cela réveille en nous des peurs de ce que Dieu pourrait nous demander… surtout si nous osons nous livrer pleinement à lui.

Il est fort probable en effet, que, malgré nous, notre être ne soit pas entièrement convaincu de la bienveillance et de la bienfaisance de Dieu à l'égard de l'homme, et donc à notre égard. Sa volonté est-elle totalement bonne ? Ne va-t-il pas vouloir nous faire souffrir, si jamais nous lui accordons notre total consentement ? Ne va-t-il pas nous demander exactement ce que nous ne voulons pas, ce que nous n'aimons pas ? Ne va-t-il pas « trop » nous demander ? Ne va-t-il pas profiter de notre générosité ?

Autre objection qui peut aisément monter en nos cœurs et nos intelligences : si nous sommes – soi-disant – libres, alors pourquoi Dieu aurait-il un projet précis pour nous ? N'est-ce pas à nous de choisir ? Comment concilier cette « volonté de Dieu » et la liberté dont nous serions dotés ?

Nous l'entrapercevons donc, le sujet est vraiment… délicat ! Nous ne prétendons pas répondre à toutes les questions et objections qu'il peut soulever, mais voudrions simplement donner quelques éclairages qui permettent ensuite une pratique, la plus ajustée possible, de cette disponibilité à la volonté de Dieu.

2. Quelle est donc la volonté de Dieu ?

Les Saintes Écritures sont sans équivoque au sujet de cette volonté divine. Voici ce qu'elles affirment :

> « *Dieu veut que tous les hommes soient sauvés et parviennent à la pleine connaissance de la vérité* » (1 Tm 2, 4).
>
> « *Ainsi, votre Père qui est aux cieux ne veut pas qu'un seul de ces petits soit perdu* » (Mt 18, 14).
>
> « *Il nous a prédestinés à être, pour lui, des fils adoptifs par Jésus, le Christ. Ainsi l'a voulu sa bonté, à la louange de gloire de sa grâce, la grâce qu'il nous donne dans le Fils bien-aimé* » (Ep 1, 5-6).

Quand donc nous évoquons la « volonté de Dieu », c'est avant tout à cette volonté de salut, à cette bienheureuse prédestination que nous devrions faire référence. Tout ce qui peut être ensuite dit et vécu s'inscrit dans cette vérité fondamentale.

Cela étant dit, il est évident que lorsque nous parlons de dire *oui* à la volonté divine, nous n'entendons pas seulement le fait de nous ouvrir à cette proposition de salut, mais nous parlons d'une attitude intérieure selon laquelle nous nous mettons à son écoute et nous laissons conduire par lui. Mais n'allons pas pour autant penser que Dieu a prévu notre vie dans ses moindres détails et que nous devons, scrupuleusement, l'interroger sur le moindre de nos choix, comme si, pour tout acte à poser, il existait ce qui entre dans sa volonté et ce qui n'y entre pas.

Évidemment, il est des actes qui ne sauraient, foncièrement, correspondre à la volonté de Dieu, et nous en avons déjà parlé en évoquant la lutte que nous avons à mener, avec sa grâce, contre le péché et tout ce qui pourrait nous y conduire. Mais il existe aussi une multitude de situations où l'accomplissement de la volonté de Dieu se jouera plutôt dans notre attitude, dans notre intention, et dont la décision relèvera de notre responsabilité. Ce sont des êtres dotés d'un réel libre arbitre que Dieu veut conduire au salut, non des marionnettes que Dieu se plairait à maintenir dans une infantile dépendance.

3. Qu'advient-il de notre liberté ?

Notre liberté est donc réelle ! Dieu ne nous impose pas, bon gré mal gré, une volonté qu'il aurait décrétée et que nous n'aurions plus qu'à subir. Cependant, il est Dieu et nous sommes ses créatures ! Et puisqu'il nous a créés pour lui, pour l'amour, c'est en consentant à ce dessein bienveillant que nous allons trouver notre épanouissement et notre bonheur. Cela est dans l'ordre de notre nature, et de la grâce que Dieu nous fait.

Ce sujet rejoint d'ailleurs un thème déjà effleuré dans les pages qui précèdent : celui de l'humilité, vertu essentielle pour notre cheminement spirituel. Celle-ci consiste fondamentalement à revenir vers Dieu, car le péché nous a éloignés de lui. Celui qui est humble se reçoit de Dieu, l'accueille comme sa source et son terme ; c'est dans ce mouvement qu'il reçoit toute sa dignité et qu'il peut avancer, de plus en plus librement, et se tenir « debout ».

Si cette radicale référence à Dieu, comme source et terme, et comme indispensable repère de notre liberté, nous froisse et nous contrarie, cela est peut-être dû à une vision erronée de la liberté, très répandue de nos jours. En effet, bon nombre de personnes pensent que la liberté consiste à pouvoir tout décider par soi-même, à faire ce que l'on veut, quand on le veut, avec qui on le veut, comme on le veut. Or, la liberté véritable consiste à devenir pleinement soi-même, et donc à se laisser aimer et à aimer sans limite ni résistance, puisque nous sommes faits pour cela. Chacun de nous sait d'expérience, ou du moins pressent, que cela seul peut le rendre heureux ! Alors, pourquoi nous enliser dans une fausse idée de ce que devrait être notre liberté ?

Écoutons ces lumineuses paroles du pape Benoît XVI :

> « La liberté est constitutive de la structure originelle de la création, de l'existence spirituelle de l'homme. Nous ne sommes pas fixés ni prédéterminés selon un modèle précis. La liberté est destinée à chacun en particulier pour qu'il élabore lui-même sa vie et que, par son oui intérieur, il puisse prendre le chemin qui corresponde à ce qu'il est. C'est dans ce sens que je dirais que la liberté est non pas une grâce mais un don de la création. Être libre signifie que j'accepte volontairement les possibilités de mon être. Cela ne se passe pas comme s'il n'y avait qu'à dire oui ou non. Car, avant de dire non, j'ai une infinité de manières d'exploiter les possibilités du bien. Penser que, lorsqu'on dit non au mal, on a déjà abdiqué sa liberté est une perversion de la liberté. La liberté ne trouve le grand espace où elle peut développer toute sa créativité que dans le domaine du bien [8]. »

8. Pape Benoît XVI, *Voici quel est notre Dieu*, Plon/Mame, Paris, 2001, p. 65-66, cité dans *Benedictus, Une année avec Benoît XVI*, Magnificat, Paris, 2007, p. 91.

Il importe par ailleurs de comprendre que, de fait, nous ne sommes pas libres ! Non pas à cause de Dieu… mais à cause du péché qui nous retient encore, et aussi parce que la liberté se conquiert et se reçoit. Se conquiert, car un combat acharné nous attend si nous désirons quitter nos esclavages aux multiples facettes, après avoir eu le courage de les démasquer... Et se reçoit, car nous ne saurions nous sauver nous-mêmes : nous avons besoin d'un Sauveur, de l'unique Sauveur, Jésus Christ. La liberté est donc affaire de croissance, mais, pour grandir, il faut partir sur de bonnes bases et donc essayer de se dégager peu à peu des conceptions erronées de la liberté qui peuvent nous habiter ; elles masquent souvent de fausses images de Dieu et de son projet aimant sur l'humanité.

4. « Faisons route ensemble, Seigneur ! »

Il nous faut donc rejeter toute conception avilissante de la volonté de Dieu et renoncer également à la prétention de conduire seuls nos vies, comme si Dieu n'avait au final aucun droit de parole ni de regard sur nous. C'est pour cette raison que nous proposons ici cette citation de sainte Thérèse d'Avila : « Faisons route ensemble, Seigneur[9] ! »

Oui, faisons route avec Dieu, puisqu'il a choisi de faire route avec nous ! Ne nous a-t-il pas montré en Jésus sa proximité et son immense respect de notre liberté, ainsi que son désir de rencontrer chacun, de tisser un lien d'amitié et de confiance avec nous ? Les Évangiles ne nous présentent pas un Jésus qui s'impose et qui brime la liberté de ceux qui le côtoient. Il n'a certes pas manqué d'interpeller la liberté de ses auditeurs, d'appeler des personnes à sa suite, de dénoncer ce qui nécessitait de l'être et d'avoir au besoin des paroles tranchantes. Mais, s'il n'a eu de cesse de montrer le bon chemin à qui voulait bien l'entendre, on peut tout autant affirmer qu'il n'a eu de cesse de montrer sa confiance aux hommes et de vouloir faire alliance avec eux.

La grâce que nous pouvons donc demander est celle d'une conversion de notre mentalité. Car Dieu est notre Père et notre Allié. Il est le défenseur de notre liberté et son libérateur. C'est un tel Dieu qui désire nous faire connaître de mieux en mieux sa volonté sur nous, non un Dieu despotique et sadique…

---

9. Sainte Thérèse d'Avila, *Chemin de perfection* 26, 6.

Heureuse est l'âme qui s'en remet à Dieu et attend tout de lui, tout en assumant avec confiance la responsabilité qui est la sienne. Responsabilité, par exemple, d'éclairer sa conscience et de prendre les moyens de développer les attitudes et dispositions qui lui permettront de croître dans sa capacité à discerner la volonté de Dieu et à l'accomplir. Car c'est avec nous et pour nous que Dieu veut agir, non contre nous.

Mais sommes-nous si convaincus que cela de telles affirmations ? Croyons-nous vraiment que Dieu agit en notre faveur et recherche notre bien, malgré les apparences contraires, parfois ? Rien n'est moins sûr, à vrai dire. Non pas théoriquement, car nous affirmons sans doute souvent notre foi en lui, et désirons certainement faire confiance à Dieu en toute sincérité. Mais de là à ce que notre cœur, nos entrailles, notre être tout entier soit gagné à cette confiance, c'est une autre paire de manches… Pourtant, une telle confiance est vitale, déterminante. C'est pourquoi nous allons à présent l'aborder.

5. Le socle de la confiance

Pour introduire cette thématique, je voudrais partir de deux événements relatés dans les Évangiles. L'un m'interpelle de longue date ; l'autre m'a interpellée plus récemment…

> *« Ce jour-là, le soir venu, il dit à ses disciples : "Passons sur l'autre rive." Quittant la foule, ils emmenèrent Jésus, comme il était, dans la barque, et d'autres barques l'accompagnaient. Survient une violente tempête. Les vagues se jetaient sur la barque, si bien que déjà elle se remplissait. Lui dormait sur le coussin à l'arrière. Les disciples le réveillent et lui disent : "Maître, nous sommes perdus ; cela ne te fait rien ?" Réveillé, il menaça le vent et dit à la mer : "Silence, tais-toi !" Le vent tomba, et il se fit un grand calme. Jésus leur dit : "Pourquoi êtes-vous si craintifs ? N'avez-vous pas encore la foi ?" Saisis d'une grande crainte, ils se disaient entre eux : "Qui est-il donc, celui-ci, pour que même le vent et la mer lui obéissent ?" »* (Mc 4, 35-41).

« Maître, nous sommes perdus, cela ne te fait rien ? » Avez-vous déjà songé à la résonance qu'une telle question a pu avoir dans le cœur de Jésus ? Comment ses disciples peuvent-ils penser que Jésus est indifférent

à leur sort, que leur situation, leur détresse ne lui font rien, à lui qui a déjà largement manifesté, pour ne pas dire prouvé, son amour pour eux ?

Le second épisode que je voudrais mentionner est exactement de la même teneur, mais peut-être plus choquant encore. Il s'agit d'une petite phrase que les disciples d'Emmaüs expriment à Jésus venu les rejoindre sur la route, alors qu'ils sont accablés de tristesse en raison de sa mort. Voici ce que relate l'évangile selon saint Luc :

> *« Le même jour, deux disciples faisaient route vers un village appelé Emmaüs, à deux heures de marche de Jérusalem, et ils parlaient entre eux de tout ce qui s'était passé. Or, tandis qu'ils s'entretenaient et s'interrogeaient, Jésus lui-même s'approcha, et il marchait avec eux. Mais leurs yeux étaient empêchés de le reconnaître. Jésus leur dit : "De quoi discutez-vous en marchant ?" Alors, ils s'arrêtèrent, tout tristes. L'un des deux, nommé Cléophas, lui répondit : "Tu es bien le seul étranger résidant à Jérusalem qui ignore les événements de ces jours-ci" »* (Lc 24, 13-18).

« Tu es bien le seul étranger [...] *qui ignore les événements de ces jours-ci »* : or, s'il est bien quelqu'un qui ne saurait les ignorer, ces événements, c'est

justement Jésus ! Puisque c'est lui qui a vécu, en sa propre chair, les souffrances de sa Passion… Et s'il est une Personne qui ne saurait être une étrangère pour nous, c'est bien Dieu lui-même qui, en Jésus, s'est fait si proche de nous…

Ces propos ne visent bien sûr pas à juger les disciples de l'époque, leurs paroles, leurs attitudes, leur incrédulité. Si elles m'ont ainsi percutée, c'est parce que j'y reconnais des réactions, des pensées, des sentiments qui viennent parfois habiter mon propre cœur, et le vôtre aussi je suppose, face à des circonstances, des événements, des épreuves où nous n'arrivons pas à reconnaître immédiatement la présence et l'action de Dieu. Ne nous semble-t-il pas parfois absent de nos vies alors que nous aurions tant besoin de lui ? Ne sommes-nous pas aisément tentés de remettre en doute son amour face aux tragédies dont notre monde souffre ?

Il n'est bien sûr pas de « réponse » toute faite à ces questions qui taraudent parfois notre cœur et conduisent certains de nos contemporains à abandonner toute foi en Dieu ou à l'accuser de tous les maux de la terre. Ces propos se veulent simplement une invitation à reconnaître la grande faiblesse, quelquefois, de notre confiance en Dieu, et un appel à demander la grâce de croire, au-delà même de toute apparence, que Dieu est avec nous, et que la plus grande réponse que le Père ait donnée, aux cris de souffrance et d'incompréhension qui nous habitent, est la venue de son Fils en notre chair, sa mort et sa résurrection. Dieu n'a pas expliqué l'énigme du mal – bien qu'il existe quelques éléments de réponse à cette question, bien sûr. Dieu ne se justifie pas face à nos accusations, aussi insensées soient-elles parfois. Dieu fait route avec nous. Il nous rejoint, il nous accompagne, toujours et partout.

S'il est donc bien une grâce que nous sommes appelés à demander, c'est celle d'une confiance toujours renouvelée en notre Dieu. Une confiance qui nous permette de traverser les épreuves en étant appuyés sur lui, non à distance de lui. Car la souffrance ne peut être évacuée d'un coup de baguette magique de nos existences. Tant que nous cheminons sur terre, elle existera. Mais le Seigneur ne veut pas qu'elle nous accable : il se propose de la porter avec nous. Il nous enseigne aussi un certain art en ce domaine, qui ne consiste certes pas à aimer la souffrance comme telle, mais à choisir de la traverser avec confiance et amour plutôt que de la subir. Voici ce que sainte Thérèse d'Avila dit de certaines âmes :

« Elles n'embrassent pas la croix, elles la traînent ; aussi la croix les blesse, les lasse et les tue. Au contraire, la croix, lorsqu'elle est chérie, devient douce à porter : cela ne fait aucun doute [10]. »

Un autre point peut considérablement nous aider si nous souhaitons demeurer dans une attitude de confiance et, ainsi, de disponibilité à la volonté bienfaisante de Dieu : essayer de demeurer dans l'instant présent, dans « l'aujourd'hui ». « Rien que pour aujourd'hui », disait la petite Thérèse – titre de l'un de ses poèmes. Jésus lui-même nous a invités à une telle attitude : *« Ne vous faites pas de souci pour demain : demain aura souci de lui-même ; à chaque jour suffit sa peine »* (Mt 6, 36).

En effet, nous dépensons une énergie folle en quittant le moment présent de manière inadéquate et nous nous égarons aisément dans des pensées qui nous éloignent du réel, du présent. Or, cela risque de nous épuiser et de nous conduire sur des chemins d'égarement, ne serait-ce qu'intérieurs. Nous nous projetons avec inquiétude dans l'avenir, imaginant parfois le pire, alors que nous n'avons pas une once de grâce pour vivre ce que sera demain, et que demain ne

10. Sainte Thérèse d'Avila, *Pensées sur l'amour de Dieu* 2, 26.

sera de toute façon pas ce que nous en avons imaginé. J'aime beaucoup à ce sujet cette pensée, dont je ne connais pas l'auteur, qui dit à peu près ceci : « J'ai beaucoup souffert dans ma vie, en particulier de choses qui ne me sont jamais arrivées ! »

Nous gaspillons aussi une grande énergie en nous attachant au passé – remords, nostalgie, vaine volonté de changer ce qui ne peut l'être, etc. –, alors que seuls un vrai repentir – qui nous propulse en Dieu –, une relecture constructive – qui consiste à savoir tirer des leçons du passé – et une mémoire reconnaissante peuvent donner fécondité à ce regard posé sur le passé.

C'est indéniablement sur le moment présent que nous gagnons à porter notre attention. Car c'est ici et maintenant que Dieu est présent, qu'il nous appelle et qu'il nous propose sa grâce. Je voudrais citer ici ce très beau texte de sœur Odette Prévost, petite sœur du Sacré-Cœur, tuée en Algérie le 10 novembre 1995 et béatifiée à Oran le 8 décembre 2018 :

> « Vis le jour d'aujourd'hui. Dieu te le donne, il est à toi. Vis-le en lui. Le jour de demain est à Dieu, il ne t'appartient pas. Ne porte pas sur demain le souci d'aujourd'hui. Demain est à Dieu : remets-le-lui. Le moment présent est une frêle passerelle : si tu la charges des regrets d'hier, de l'inquiétude de demain,

la passerelle cède et tu perds pied. Le passé ? Dieu le pardonne. L'avenir ? Dieu le donne. Vis le jour d'aujourd'hui en communion avec lui. »

Chapitre V

PISTES CONCRÈTES DE CROISSANCE

Chacun aura certainement déjà glané, dans les pages précédentes, quelques pistes ou éléments susceptibles de l'aider dans sa croissance vers un *oui* de plus en plus plénier à Dieu. Il nous semble cependant important de consacrer un chapitre entier à évoquer quelques moyens ou lieux, bien concrets, qui vous aideront, nous l'espérons, dans votre croissance personnelle.

Nous allons évoquer successivement les points suivants : l'accueil du réel, l'écoute, la recherche de cohérence, la vocation personnelle, la prière et la formation. Cette liste n'est évidemment pas exhaustive et, de fait, tout autre élément venant nourrir notre vie chrétienne favorisera notre progrès dans la qualité de réponse que nous donnons aux appels de Dieu.

Tous les éléments de notre vie spirituelle se tiennent et se nourrissent mutuellement.

1. L'accueil du réel

Notre religion chrétienne est celle de l'Incarnation. Dieu a choisi de nous rejoindre dans notre humanité au point de se faire homme. Ce n'est donc pas dans les nuages qu'il faut le chercher et ce n'est certes pas en fuyant la réalité de notre existence, aussi banale voire médiocre nous semblerait-elle, que nous trouverons Dieu et grandirons dans le *oui* que nous désirons lui donner.

Le premier lieu d'attention sera donc pour nous : l'accueil du réel. Et, disons-le d'emblée, cet accueil n'est peut-être pas aussi aisé qu'on pourrait le penser au premier abord !

Le réel, ce sera tout d'abord « nous » : notre personne telle qu'elle est, et non telle que nous la rêverions. Consentir à être qui nous sommes et renoncer à être quelqu'un d'autre, voilà un acte – des actes répétés – qui manifeste, ô combien, notre *oui* à Dieu. Car c'est bien lui qui nous a créés, qui nous a voulus de toute éternité. Il est probable que ce lieu d'accueil soulève en nous pas mal de résistances. Qui de nous est totalement paisible et heureux de ce qu'il est ? Il n'est pas rare que des personnes aspirent à avoir un autre corps – ou un corps autre –, une autre personnalité, d'autres potentialités, etc.

Le réel, c'est aussi notre histoire, ce qu'elle a été jusqu'à aujourd'hui, ce qu'elle est actuellement. Là aussi, lieu essentiel de consentement et de *oui*, mais lieu qui peut s'avérer bien difficile… Il est si aisé de rejeter ou de vouloir mettre entre parenthèses tel événement de notre vie, telle relation, telle composante, et leurs conséquences dans notre vie, ici et maintenant. De nombreuses personnes peuvent aussi regretter des choix qu'elles ont posés, des actes qui ont eu de lourdes conséquences pour la suite de leur parcours et qu'elles voudraient pouvoir effacer. Mais nul ne peut revenir en arrière. Ce que nous pouvons changer, ou demander à Dieu de changer en nous, c'est notre rapport à nous-mêmes, notre manière d'être aujourd'hui. Certains actes peuvent ainsi être en partie « réparés ». La conversion est toujours possible. Et Dieu peut toujours ouvrir de nouveaux chemins en nos cœurs. Mais jamais sur la base d'un rejet du passé, encore moins sur celle d'un rejet de soi.

Le réel, ce sont aussi les personnes auxquelles nos vies sont liées. Que d'énergie nous risquons de dépenser en vain à vouloir changer les gens qui nous entourent ! Et quelle illusion de croire que notre vie serait plus belle, et plus agréable à Dieu aussi, si notre mari était autre, si notre patron cédait enfin la place à une personne plus valable, si nos élèves étaient plus polis, si, si… ! Certes, nous pouvons toujours prier pour la conversion et le progrès des autres si cela nous semble important. Mais nous courons le risque de nous tromper de regard et nous n'avons aucune prise sur cela. Par contre, nous ne nous tromperons jamais en nous investissant dans notre propre conversion, et Dieu ne manquera jamais de nous secourir en ce sens. Par ailleurs, accepter que notre vie soit telle qu'elle est, et qu'elle devienne ainsi le lieu de notre sanctification et donc de notre *oui*, tout en cherchant bien sûr à nous améliorer nous-mêmes, cela est un chemin sûr… Ces propos ne signifient évidemment pas qu'il ne faille jamais lutter contre des maux extérieurs à nous, tels des comportements de membres de notre entourage – familial, professionnel, etc. – qui seraient nocifs. Mais nous sommes ici confrontés à une nécessité de discernement. Et un domaine demande toujours attention et investissement de notre part : celui de notre propre conversion…

Le réel, ce sera aussi, probablement, la banalité apparente de notre vie qui se déroule sans que rien d'extraordinaire ne s'y passe... Une vie où nous aurons peut-être également l'impression que Dieu ne nous parle guère, qu'il manque de se manifester – comme il le fit par le passé auprès des figures bibliques que nous avons évoquées ou auprès de tel ou tel saint. Mais, sachons-le, au-delà de cet apparent silence de Dieu, il ne cesse de nous parler, comme nous l'affirme saint Jean de la Croix dans ce magnifique passage de la *Montée du Carmel* :

> « [...] En nous donnant son Fils ainsi qu'il l'a fait, lui qui est sa Parole dernière et définitive, Dieu nous a tout dit ensemble et en une fois, et il n'a plus rien à dire. [...]
> Concluez-en que désirer sous la nouvelle Loi visions ou révélations, ce n'est pas seulement faire une sottise, c'est offenser Dieu, puisque par-là nos yeux ne sont pas uniquement fixés sur le Christ, sans chercher chose nouvelle [11]. »

Gardons-nous donc de rechercher de la part de Dieu des révélations ou manifestations qui sortiraient de l'ordinaire ! Et prenons conscience de la grâce inouïe

11. Saint Jean de la Croix, *Montée du Carmel*, livre II, chap. 22, extraits. Nous ne pouvons qu'encourager le lecteur à lire ce chapitre en entier.

que nous avons de vivre à notre époque, c'est-à-dire après l'Incarnation du Fils de Dieu, et de pouvoir nous mettre à son écoute. Tel est le second aspect que nous allons à présent évoquer.

2. L'écoute

Dieu ne cesse de nous parler. Mais saurons-nous l'écouter ? Telle est la véritable question. Nous gagnerions à intégrer profondément le fait que, du point de vue de notre relation à Dieu, nous n'avons aucun souci à nous faire en ce qui le concerne. Il ne nous fera jamais défaut. S'il semble parfois se taire, c'est peut-être que nous ne parvenons pas à l'entendre – nous allons y revenir – ou qu'il nous a déjà donné la parole dont nous avions besoin pour avancer aujourd'hui. Faisons donc nôtre cette profonde conviction de sainte Thérèse d'Avila, selon laquelle Dieu ne nous manque jamais. Elle l'affirme à diverses reprises dans ses écrits et nous livre ainsi le fruit de son expérience [12]. Mais elle ajoute : « Plaise au Seigneur

12. Cf. Sainte THÉRÈSE D'AVILA, *Chemin de perfection* 26, 1, par exemple.

que, de notre côté, nous ne lui manquions jamais [13] ! » Elle affirme encore : « Jamais il ne se fatigue de donner et ses miséricordes sont inépuisables : de notre côté, ne nous lassons pas de recevoir [14]. » Renonçons donc à tout doute sur Dieu et faisons effort pour faire la part qui nous revient et que nul, pas même Dieu, ne peut faire à notre place.

Notre part, ici, sera celle de l'écoute. Nous savons à quel point celle-ci est irremplaçable dans notre vie relationnelle. Mais l'écoute est un art difficile, qui nécessite un travail incessant sur soi-même. L'écoute est d'ailleurs un commandement, et le préalable au plus grand commandement, selon les propres mots de Jésus :

> *« Un scribe qui avait entendu la discussion, et remarqué que Jésus avait bien répondu, s'avança pour lui demander : "Quel est le premier de tous les commandements ?" Jésus lui fit cette réponse : "Voici le premier : Écoute, Israël : le Seigneur notre Dieu est l'unique Seigneur. Tu aimeras le Seigneur ton Dieu de tout ton cœur, de toute ton âme, de tout ton esprit et de toute ta force. Et voici le second : Tu aimeras ton prochain comme toi-même. Il n'y a pas de commandement plus grand que ceux-là" »* (Mc 12, 28-31).

---

13. Sainte Thérèse d'Avila, *Chemin de perfection* 20, 2.
14. Sainte Thérèse d'Avila, *Vie* 20, 15.

Il est habituel de penser et de dire que le plus grand commandement est celui de l'amour, amour de Dieu et du prochain, indissociablement, et cela est vrai. Mais il n'est pas du tout anodin que ce commandement de l'amour commence par celui de l'écoute. En effet, comment l'amour pour Dieu et pour autrui pourrait-il exister et croître s'il n'était fondé sur une capacité à les écouter ?

Si donc nous voulons progresser dans notre *oui* à la volonté de Dieu, un second aspect d'attention sera notre qualité d'écoute. Et ne prétendons pas être aptes à écouter Dieu si nous prouvons, au quotidien, que nous sommes incapables d'écouter notre prochain, c'est-à-dire celui-là même que la vie rend proche de nous, que nous le voulions ou non…

Chacun de nous a certainement déjà éprouvé la difficulté d'écouter l'autre, ou du moins certains autres, dont les propos nous dérangent ou nous fatiguent. Ou encore la difficulté à écouter quand certains sujets sont abordés, sujets qui nous tiennent à cœur ou sur lesquels il nous importe de pouvoir exprimer notre avis, voire d'avoir le dernier mot. Mettre une garde à notre bouche, pour laisser de l'espace à la parole d'autrui, ou tout simplement parce que nous discernons que cette parole que nous nous apprêtons à prononcer n'apportera rien et ne construira rien, est une excellente ascèse à pratiquer. Et celle-ci aiguisera, soyons-en certains, notre capacité à entendre la voix de Dieu.

Notons d'ailleurs que ces paroles que Dieu veut nous adresser nous parviendront, certes, dans la prière, dans sa Parole, mais aussi au travers de médiations humaines. Tel fut le cas de Moïse, pour reprendre cette figure si attachante qui eut l'humilité d'écouter les conseils de son beau-père Jethro, un païen (cf. Ex 18, 13-17), alors même que Dieu lui parlait, pourrait-on dire, « en direct » ! Humilité que nous pouvons réclamer pour chacun de nous, car cette capacité de se laisser conseiller par autrui, avec discernement bien sûr, peut grandement contribuer à affiner et à élargir notre *oui*.

C'est aussi par le biais des événements que nous aurons à traverser que Dieu nous parlera et que nous aurons à apprendre à tendre l'oreille de notre cœur. Exercice parfois difficile, surtout quand ce qui nous arrive nous prend à rebrousse-poil ou semble nous contrarier jusque dans nos plus beaux projets pour Dieu ou dans nos plus nobles désirs. Mais notre docilité est appelée à aller jusque-là. N'est-ce pas d'ailleurs ce qui nous est dit de la Vierge Marie qui

« gardait tous ces événements et les méditait dans son cœur » (Lc 2, 19) ?

Tâchons donc de faire silence autant que possible, et de ne pas transformer le *« Parle, Seigneur, ton serviteur écoute »* (1 S 3, 11) en un incessant : « Écoute, Seigneur, ton serviteur parle »... ! Il est bien sûr important que nous parlions à Dieu, que nous lui exprimions ce qui habite notre cœur et nos pensées, mais le silence est d'or pour quiconque désire croître dans l'accueil de la volonté de Dieu, comme nous le dit admirablement saint Jean de la Croix :

> « Le Père éternel a dit une seule parole : c'est Son Fils. Il la dit éternellement dans un éternel silence. C'est dans le silence de l'âme qu'elle se fait entendre [15]. »

Pour terminer sur ce thème si essentiel de l'écoute, prêtons attention à ces précieux conseils du pape François, commentant le passage de l'Évangile où Jésus guérit un sourd-muet (cf. Mc 7, 33-34) :

> « Frères et sœurs, il y a en effet une surdité intérieure qu'aujourd'hui, nous pouvons demander à Jésus de toucher et de guérir. Et cette surdité intérieure est pire que la surdité physique, car c'est la surdité du cœur.

15. Saint Jean de la Croix, *Maxime* 147.

Pris par la hâte, par mille choses à dire et à faire, nous ne trouvons pas le temps de nous arrêter et d'écouter ceux qui nous parlent. Nous risquons de devenir imperméables à tout et de ne pas laisser de place à ceux qui ont besoin d'écoute. [...]
Voici le remède : chaque jour, un peu de silence et d'écoute, quelques mots inutiles en moins et un peu plus de Parole de Dieu. [...] Nous entendons s'adresser à nous aujourd'hui, comme au jour du Baptême, cette parole de Jésus : *"Effata, ouvre-toi !"* "Jésus, je désire m'ouvrir à ta Parole ; Jésus, ouvre-moi à ton écoute ; Jésus, guéris mon cœur de la fermeture, guéris mon cœur de la hâte, guéris mon cœur de l'impatience" [16]. »

3. La recherche de cohérence

« Pour vous, dire et faire, parler et agir, ce doit être tout un [17] », affirme sainte Thérèse d'Avila, alors qu'elle commente la demande *« Fiat voluntas tua »* du *Notre Père*. Telle est bien la cohérence de vie à laquelle chacun de nous est appelé à tendre. Et elle va jusqu'à

16. Pape François, Allocution du dimanche 5 septembre 2021, © Traduction de Zenit, Anita Bourdin.
17. Sainte Thérèse d'Avila, *Chemin de perfection* 32, 8.

affirmer un peu plus loin que Jésus sait « quelle est notre misère et comme souvent nous feignons de ne pas connaître la volonté de Dieu, afin de nous y soustraire [18] ». Cela donne à méditer… !

Jésus lui-même nous a d'ailleurs clairement mis en garde contre ces paroles, certes belles et pieuses, mais qui ne sont pas suivies des actes correspondants :

> *« Ce n'est pas en me disant : "Seigneur, Seigneur !" qu'on entrera dans le royaume des Cieux, mais c'est en faisant la volonté de mon Père qui est aux cieux »* (Mt 7, 21).

La parole a toute sa valeur et sa place dans notre vie spirituelle. Il y aurait d'ailleurs beaucoup à dire à ce sujet… L'usage que nous faisons de notre langue a un immense impact sur notre entourage ! Mais tel n'est pas notre sujet. L'important ici est de noter qu'une parole prononcée n'a en réalité de valeur qu'à la mesure de sa réalisation. Nous l'expérimentons déjà dans notre vie de chaque jour. Comment pourrions-nous nous fier à la parole d'une personne qui aurait malheureusement prouvé à de nombreuses reprises qu'elle dit, mais ne fait pas ? Nous sommes donc appelés à nous engager nous-mêmes dans les paroles que nous prononçons.

---

18. Sainte Thérèse d'Avila, *Chemin de perfection* 33, 1.

Nous pouvons également méditer sur cette parabole si parlante que Jésus lui-même nous a partagée :

> « *Quel est votre avis ? Un homme avait deux fils. Il vint trouver le premier et lui dit : "Mon enfant, va travailler aujourd'hui à la vigne." Celui-ci répondit : "Je ne veux pas." Mais ensuite, s'étant repenti, il y alla. Puis le père alla trouver le second et lui parla de la même manière. Celui-ci répondit : "Oui, Seigneur !" et il n'y alla pas. Lequel des deux a fait la volonté du père ?* » *Ils lui répondent : "Le premier." Jésus leur dit : "Amen, je vous le déclare : les publicains et les prostituées vous précèdent dans le royaume de Dieu. Car Jean le Baptiste est venu à vous sur le chemin de la justice, et vous n'avez pas cru à sa parole ; mais les publicains et les prostituées y ont cru. Tandis que vous, après avoir vu cela, vous ne vous êtes même pas repentis plus tard pour croire à sa parole"* » (Mt 21, 28-32).

Ne déformons pas la parole de Jésus en cherchant ici une justification de nos refus, fussent-ils de « premier mouvement ». Jésus ne montre pas en exemple le *non* verbal transformé en *oui* dans les actes. Mais il dénonce clairement les paroles non suivies d'actes, les paroles de façade, ces *oui* lâches, prononcés dans le seul but de nous débarrasser de la personne qui nous sollicite, ou ces *oui* arrachés sous la pression, la peur, ou par tout autre motif n'ayant pas réellement mobilisé notre liberté profonde. Cette parabole peut également être vue comme une parabole de miséricorde. En effet, Dieu sait combien notre nature humaine a été blessée par le péché, et combien nous pouvons, de ce fait, être emportés malgré nous par des réactions ou des paroles qui ne reflètent pas la profondeur de notre cœur. Il nous dit donc que, quand cela arrive, si nous faisons retour et agissons selon le bien, il agrée cela comme un accomplissement de sa volonté. Cela est réconfortant et encourageant.

Il est en tous les cas évident que la recherche de cohérence est appelée à être une priorité dans notre vie, si nous souhaitons grandir dans une réponse aimante à la volonté de Dieu. Il ne s'agit pas d'accomplir des actions extraordinaires pour Dieu, de jouer aux héros, d'entretenir une belle vitrine ou de soigner une bonne réputation. Il s'agit de laisser la grâce de Dieu nous transformer en profondeur pour que notre cœur profond et notre manière d'agir, qui sont appelés à en découler, soient de plus en plus conformes au projet d'amour de Dieu sur nous. En un mot, il s'agit de laisser l'amour gagner et transformer notre personne.

Méfions-nous donc des grands élans, des grandes déclarations, et de l'illusion qui peuvent les accompagner, si ceux-ci ne sont pas accompagnés d'une transformation de nos mœurs, de nos paroles, de nos regards, de nos gestes, de nos habitudes de vie. Progressivement, bien sûr… car il y aura toujours un décalage entre le désir et la réalisation, puisque nous sommes en chemin. Ce décalage n'est pas alarmant s'il s'accompagne d'une lucidité suffisante sur soi-même et d'un véritable effort pour conformer sa vie à ses dires, à ses élans intérieurs, ainsi que de la capacité à reconnaître ce décalage et à en demander pardon à Dieu et à son entourage. Il ne s'agit pas d'être déjà saints dans notre conduite, mais de prendre les moyens de le devenir, en fuyant comme la peste tout ce qui peut ressembler à une double vie, un double visage, une dissociation volontaire entre le dire et le faire.

4. La vocation personnelle

Il est un « lieu » où la volonté de Dieu se manifeste de manière élective : celui de la vocation. Ce n'est d'ailleurs pas anodin si les diverses illustrations bibliques que nous avons recueillies au début de cet ouvrage sont en fait, sans que cela ait été d'ailleurs volontaire, des récits de vocation.

En effet, nous l'avons dit, la volonté de Dieu est ultimement le salut de l'humanité, et donc le bonheur éternel de chacun de ses enfants, dans une communion d'amour parfaite avec lui. Tel est le but de notre pèlerinage terrestre. Par ailleurs, la vocation de chacun de nous s'enracine avant tout dans la grâce de notre baptême, et dans le déploiement de cette grâce baptismale. Toutefois, il existe diverses manières de réaliser, de notre mieux, cette vocation à l'amour, sur terre. Prend place ici l'importante question de la vocation personnelle de chacun. Ce livre n'a pas pour but de traiter directement de cette question, aussi ce sujet sera-t-il abordé brièvement. Mais il ne saurait être passé sous silence.

Il importe avant tout de bien situer cette question de la vocation. On peut en effet être tenté, soit de l'absolutiser, soit de lui accorder moins d'importance qu'elle n'en a. La vocation – entendue ici comme appel à tel ou tel état de vie – ne saurait être un but en soi. Elle est un moyen, un chemin. En ce sens, on peut dire – et j'aime à le dire – que la meilleure vocation pour une personne est en réalité… la sienne propre ! L'essentiel est que le fait d'être consacré ou marié, prêtre ou séculier, etc., conduise la personne à grandir dans l'amour de Dieu et du prochain. Si tel est le cas, le chemin vocationnel est réussi. Cela étant dit, il n'est pas indifférent de bien discerner sa vocation. Le fait qu'elle ne soit pas un but en soi ne rend pas son discernement et sa réalisation secondaires.

Souvent émerge ici la question suivante : Dieu a-t-il réellement un projet vocationnel précis sur chaque personne ? Et, en ce cas, qu'en est-il si je suis par exemple appelé à la vie consacrée, mais que je décide de me marier ? Ce sont des questions délicates... J'ai envie de donner cette réponse : le Seigneur nous connaissant mieux que nous-mêmes, il nous propose réellement tel chemin plutôt que tel autre, et si nous en prenons les moyens, il cherche à nous montrer la voie qui nous correspondra le mieux. Ce discernement est toutefois plus ou moins aisé selon les parcours des uns et des autres. Et cela ne veut de toute façon pas dire qu'il nous oblige et nous force à suivre la voie qu'il nous indique. Si donc je n'écoute pas sa voix, il ne va pas, comme certains le pensent, tout faire pour me rendre la vie impossible et me faire payer de n'avoir pas obéi à sa voix ! S'il agissait ainsi, notre humanité n'existerait plus depuis longtemps... Il n'en demeure pas moins vrai que nous gagnerons toujours à nous mettre à son écoute, et qu'un cœur qui le fait, non seulement pour cette étape décisive

– du choix vocationnel – mais aussi pour d'autres discernements importants au cours de son existence, n'aura pas à le regretter. Ne perdons jamais de vue l'amour fou que Dieu nous porte, son attachement à notre liberté véritable, sa recherche de notre bonheur, et nous éviterons de nous poser nombre de questions de façon stérile.

Autre élément à signaler : l'importance du devoir d'état, comme lieu d'expression de la volonté de Dieu à notre égard. En effet, une fois que nous avons opté pour telle ou telle forme de vie, que nous nous y sommes engagés, ce que l'on appelle couramment le devoir d'état devient le lieu électif de notre réponse à l'appel de Dieu, de notre *oui*. Il s'agit donc de bien connaître les contours de sa vocation, de se les approprier au bon sens du terme, et de ne pas chercher à répondre à Dieu en dehors de ceux-ci. Que servirait en effet à une mère de famille de vouloir imiter, dans sa forme de vie, une religieuse contemplative, en multipliant ses temps de prière au détriment d'une présence de qualité auprès de son époux et de ses enfants ? Elle gagnera, certes, à rechercher une vie de prière conséquente, à condition qu'elle soit adaptée à son devoir d'état. Saint François de Sales a beaucoup insisté sur cet aspect des choses, parlant de ne pas chercher à fleurir dans le champ du voisin. Il s'agit plutôt de s'appliquer de tout son cœur à un accomplissement de plus en plus plénier de la vocation qui est nôtre.

Notons enfin que notre vocation ne se limite pas à un état de vie. Chaque être est unique. La manière dont Dieu m'appelle à le suivre a donc une connotation spécifique, qu'il sera bon que je découvre. Dieu désire tisser une relation personnelle avec chacun de nous. Il désire répandre le feu de son amour à travers chacun, et le fera différemment selon l'unicité de notre personne et de notre parcours. Le Seigneur souhaite également nous envoyer, chacun, en mission. Il peut s'agir de missions extérieures – tel service, tel travail, tel ministère –, pour lesquelles il nous demandera de mettre au service de l'Église et du monde les talents qu'il nous a confiés pour que nous les fassions fructifier (cf. Mt 25, 14-29) et de ne pas nous arrêter à nos sentiments d'incapacité, justifiés ou non, quand l'appel vient, de manière certaine, de lui. Rappelons-nous l'épisode de Moïse mettant en avant ses incapacités, et ne recevant pour réponse divine qu'un appel à s'appuyer sur lui. Mais il s'agit, au-delà de ces œuvres extérieures à accomplir, d'une manière d'être au monde qui est unique à chaque être humain et en laquelle nous aurons toujours à progresser. Dans ce déploiement aussi se situe notre *oui* à la volonté de Dieu. Et il n'est pas d'âge inapproprié pour avancer dans un tel discernement et une telle mise en œuvre.

5. La prière

Il est tout indiqué d'en venir à présent à un thème parmi les plus essentiels de notre vie spirituelle : celui de la prière. Nous ne pourrons le faire que de manière succincte ici, et en nous centrant sur le thème de cet ouvrage : le *oui* comme chemin de réponse à l'amour de Dieu, à sa volonté, et donc comme chemin de bonheur et de sainteté.

Avez-vous remarqué que la Vierge Marie, lors de l'épisode de l'Annonciation, est fréquemment représentée méditant la Parole de Dieu ? Cela est riche de sens. Il n'est pas attesté par l'Évangile que la Vierge Marie ait reçu la visite de l'ange alors qu'elle était en train de méditer les Saintes Écritures. Peut-être était-elle en train de faire la cuisine ou d'accomplir telle ou telle autre tâche ménagère. Cela n'aurait rien d'inconvenant ! Mais cette manière de représenter la Vierge Marie nous livre une grande vérité, que l'Évangile ne manquera d'ailleurs pas de mettre en relief ensuite : la Vierge Marie était pétrie de l'Écriture Sainte. Elle ne cessait de la méditer intérieurement, comme elle le fera concernant la Parole faite chair, son propre Fils, de même que tout événement le concernant (cf. Lc 2, 51).

Il en est de même pour nous : les interventions divines, les annonciations de nos propres vies, ne pourront trouver une terre d'accueil en nos âmes que si nous devenons des familiers de la Parole de Dieu, si nous la méditons, si nous cherchons à en vivre. La *lectio divina*, qui n'est certes pas réservée aux seuls moines et moniales, cette fréquentation aimante et priante de la Parole de Dieu, est une pratique très importante pour notre vie intérieure. Elle forge en nous un cœur qui écoute. Elle nous familiarise avec le vrai visage de Dieu, avec ses manières d'agir, de se manifester, de conduire une vie. Rien ne saurait remplacer ce contact vivant et fréquent avec la Parole de Dieu.

La prière revêt bien des formes, communautaires ou personnelles – les deux ne devant pas être opposées. Nous ne pouvons évidemment qu'encourager chacun à une vie sacramentelle fervente et des plus régulières. Cela va sans dire… Hormis la *lectio divina*, déjà évoquée, il importe de dire ici quelques mots de l'oraison, cette prière silencieuse qui est un lieu électif de découverte et de réponse à l'appel de Dieu, et de l'Eucharistie, source et sommet de toute vie chrétienne [19].

L'oraison, en tant que telle, est déjà un *oui* que nous offrons à Dieu. En effet, le seul fait de donner du temps au Seigneur, gratuitement, de manière régulière, fidèle, est une réponse d'amour à son égard. Dieu nous appelle à une amitié avec lui et nous répondons *oui* à son amitié, concrètement, objectivement, puisque nous cessons toute activité pour être là, « rien que pour lui ». Une telle offrande est féconde.

De plus, ce silence intérieur en lequel nous apprenons à entrer devient un lieu privilégié d'écoute de Dieu, de découverte de sa volonté sur nous, de ses « appels ». Un lieu aussi où puiser la force de répondre aux appels déjà reçus et décryptés, qui ne vont pas de soi quant à leur réalisation, et pour lesquels nous avons donc besoin de venir puiser à la source. Sainte Thérèse d'Avila compare les personnes qui ne font pas oraison à des paralysés [20]. Cela montre à quel

19. Cf. *Lumen Gentium* 11.

20. Cf. Sainte Thérèse d'Avila, *Le château intérieur*, « Premières Demeures » 1, 6.

point l'oraison est une dimension vitale de l'existence chrétienne.

Sainte Thérèse d'Avila[21], dont l'un des ouvrages majeurs, le *Chemin de perfection*, n'est autre qu'un commentaire du *Notre Père*, apporte un éclairage majeur sur la question qui nous occupe ici. Elle fait d'abord remarquer que Jésus a formulé, en notre nom, cette demande au Père : « *Que ta volonté soit faite sur la terre comme au ciel.* » Puis, constatant la difficulté que nous avons à mettre en œuvre cette prière, elle affirme que c'est précisément dans l'Eucharistie que nous pouvons puiser la force d'accomplir cette volonté, et que c'est pour cela même que la demande suivante du *Notre Père* n'est autre que « *Donne-nous aujourd'hui notre pain de ce jour* ». Écoutons-la nous le dire avec ses propres mots :

> « Notre bon Maître, je vous l'ai dit, comprenait combien il nous était difficile de faire ce qu'il promettait en notre nom. Il savait quelle est notre misère et comme souvent nous feignons de ne pas connaître la volonté de Dieu, afin de nous y soustraire. Pesant notre faiblesse, il vit, dans sa bonté, qu'un secours nous était nécessaire.

21. Le lecteur aura sans doute deviné que sainte Thérèse est ma sainte de cœur…

Revenir sur le don déjà fait, évidemment, ç'aurait été nous faire du tort, puisque tout notre avantage s'y trouve enfermé ; mais, encore une fois, en venir à l'œuvre était difficile [...]. Que serait-ce, si le Seigneur n'avait aplani en très grande partie la difficulté, par le remède qu'il a lui-même établi ? Bien peu de personnes accompliraient cette parole qu'il a dite pour nous au Père : FIAT VOLUNTAS TUA. Voyant le besoin où nous nous trouvions, notre bon Maître inventa un moyen admirable, où il fit bien paraître l'excès de son amour pour nous. En son nom et au nom de tous ses frères, il fit cette demande : DONNE-NOUS AUJOURD'HUI, SEIGNEUR, NOTRE PAIN DE CE JOUR [...]. Il se détermina donc à rester avec nous[22]. »

Ces paroles ne sont-elles pas lumineuses ? Et si réalistes également en ce qui concerne notre difficulté à accomplir la volonté de Dieu ? Quel réconfort de savoir que le don admirable que le Seigneur nous fait en son Eucharistie est un remède à notre incapacité à accomplir sa volonté, en laquelle, précise la *Madre*, tout notre avantage se trouve enfermé. Nous ne sommes donc pas livrés à notre impuissance, mais invités à recourir avec amour et confiance à la nourriture

22. Sainte Thérèse d'Avila, *Chemin de perfection* 33, 1-2.

quotidienne que le Seigneur lui-même nous accorde. Et Thérèse de renchérir un peu plus loin :

> « En effet, il ne reste avec nous que pour nous aider, nous animer, nous encourager à faire cette divine volonté dont nous avons demandé l'accomplissement en nous [23]. »

Nous ne pouvons ici prolonger sur ce sujet de la prière. Mais vous n'aurez pas de peine à trouver de bons ouvrages sur ce sujet pour approfondir cette question [24].

---

23. Sainte Thérèse d'Avila, *ibid.,* 34, 1. Nous ne pouvons qu'encourager le lecteur à prolonger ici la lecture de cet écrit de sainte Thérèse d'Avila, parmi les plus abordables de ce docteur de l'Église. Un ouvrage pourra aussi servir d'excellentes introductions à la lecture complète du *Chemin de perfection.* Il s'agit de : *En chemin avec Thérèse d'Avila*, Luc-Marie Perrier, ocd, Éditions du Carmel, Toulouse, 2013.
24. Nous recommandons ici un ouvrage collectif de membres de la Communauté des Béatitudes : *L'oraison, Oxygène du croyant*, Éditions des Béatitudes, 2023.

6. La formation

Commençons ici par une clarification importante : nous n'entendons pas ici par « formation » un cursus de type universitaire ou des études diplômantes, fût-ce en théologie spirituelle… Bien sûr, celles-ci sont parfois tout à fait opportunes, et loin de nous l'idée de mépriser la formation de nos intelligences. Mais ce n'est pas de cela qu'il s'agit ici.

Nous voulons rappeler que tout cheminement de foi, tout progrès spirituel, toute vie de prière durable, a besoin de se « nourrir ». L'ignorance peut être fatale. Ne connaissant pas le but à atteindre et le chemin qui y conduit, nous dépensons notre énergie de manière inappropriée et risquons égarement et découragement. Il est de notre responsabilité de nous prémunir contre ces dangers, réels.

L'un des moyens concrets pour découvrir la volonté de Dieu et apprendre à y répondre de tout notre cœur consiste donc à s'investir dans de bonnes lectures spirituelles, à écouter des enseignements de valeur, à visionner des vidéos fiables sur telle ou telle thématique de vie spirituelle. Nous ne pouvons que recommander les grands maîtres de vie spirituelle qui ne manquent pas dans notre belle tradition catholique. Chacun découvrira, au fur et à mesure de son parcours, de quelle famille spirituelle il se reçoit de manière plus élective et gagnera à s'y nourrir de manière privilégiée. Que personne, en tous les cas, ne néglige cet aspect important pour sa croissance spirituelle. Il ne s'agit pas de devenir de grands savants et d'accumuler de nombreuses connaissances. Il s'agit de se laisser éclairer et guider, stimuler et encourager, par des enseignements de qualité. Et ne prétextons pas de manquer de temps pour cela alors que nous en avons, parfois, pour des choses beaucoup plus futiles ou secondaires.

Là encore, soyons réalistes ! Nos emplois du temps souvent très chargés ne nous permettent sans doute pas de longues plages disponibles. Alors ne les ambitionnons pas ! Mais réfléchissons, sur la base de notre réel tel qu'il est, et essayons de dégager, ne serait-ce que quelques fois dans la semaine, 10 à 15 minutes que nous consacrerons à cet exercice si important. Ou, si cela nous convient mieux, réservons un créneau un peu plus conséquent pour cela une fois par semaine. Si nous le voulons vraiment, nous y parviendrons.

Enfin, et cela est tout aussi important, nous entendons également par « formation » une attitude intérieure, celle du disciple qui se laisse former, enseigner, éduquer. « Je veux me faire tout enseignable afin de tout apprendre de vous », disait sainte Élisabeth de la Trinité dans sa belle prière « Ô mon Dieu, Trinité que j'adore ». Cette disposition rejoint celle de l'écoute précédemment évoquée, une écoute qui va jusqu'au bout d'elle-même. Quelle richesse et quelle opportunité de grâce lorsqu'un cœur demeure capable d'apprendre, toujours, de se remettre en cause quand cela est nécessaire, de ne jamais se croire arrivé et de ne jamais prétendre connaître un sujet touchant à Dieu et à la vie avec lui ! Un tel cœur est bien disposé et Dieu aura un espace vaste pour lui parler et le faire avancer dans ses voies.

Chapitre VI

LA FÉCONDITÉ DE NOS OUI

Nous avons d'ores et déjà essayé de montrer l'impact que certains *oui* ont eu, non seulement sur les personnes qui les ont prononcés, mais, bien au-delà d'elles, en évoquant quelques figures marquantes de l'Ancien Testament ou encore celles, éminemment plus importantes, de la Vierge Marie et du Christ lui-même. Nous voudrions à présent insister sur la fécondité de tout *oui*, et donc aussi de ceux que nous sommes nous-mêmes invités à prononcer.

1. Le seul don que nous puissions faire…

Il est une vérité essentielle pour la vie spirituelle que nous mettons cependant beaucoup de temps à accueillir comme telle, non pas forcément intellectuellement, mais existentiellement : tout ce que nous avons et faisons de bon nous vient de Dieu. Notre nature pécheresse a la fâcheuse tendance à se les approprier, c'est un fait. Or, la vérité est que nous n'en sommes pas les propriétaires, mais les intendants. Ainsi en est-il de nos talents, de nos vertus, de nos charismes, de nos désirs, etc.

Il est cependant une « chose » dont Dieu s'est dessaisi et qu'il a remise entre nos mains, c'est justement notre libre arbitre, notre capacité à dire *oui* ou *non*. Une telle prise de conscience, si nous parvenons à la faire vraiment, impactera certainement notre vie de manière décisive. Nous serons de plus en plus prompts à rendre à Dieu ce qui lui revient – louange, action de grâce, gratitude –, ardents à puiser, auprès de la seule Source qu'il est, le bien que nous désirons accomplir, et détendus également puisque nous saurons, profondément, que finalement, tout ou presque tout dépend de lui plus que de nous ! Mais le « ou presque » a justement une importance capitale pour notre sujet…

Je voudrais citer un extrait d'un ouvrage que je recommande vivement, extrait qui sera fort éclairant pour notre propos :

« L'amour ne se mesure pas à la quantité de ce qui est donné, mais au fait que tout est donné. Or, il est une chose dont l'âme dispose et que Dieu n'a pas : son oui. Lorsque l'âme consent au parfait accomplissement de la volonté divine dans l'acceptation et l'offrande d'elle-même, elle donne tout et il ne lui reste rien. En créant notre liberté, Dieu s'en est dessaisi. Il nous a posés dans l'altérité. L'existence qu'il nous a offerte est irrévocable et sans condition. Elle est à nous, et, en dernier ressort, par-delà les influences qui s'exercent, nous en faisons ce que nous voulons. De la sorte, nous pouvons entrer en relation d'amour avec lui. Face à Dieu, dans la société des hommes, nous ne sommes ni des esclaves, ni des pantins. Notre destinée n'est pas programmée. Nous en sommes responsables. Il nous a remis entre nos mains, nous donnant la possibilité de lui tourner le dos ou bien de nous laisser entraîner par Lui[25]. »

Réalisons-nous ce que cela veut dire ? Cela signifie qu'en réalité, le seul don véritable, réel, que nous puissions faire à Dieu, pour lui dire notre amour, est justement ce *oui*. Cela donne un poids, une valeur, une intensité à ces petits *oui* de chaque jour, et à

---

25. Luc-Marie Perrier, ocd, *En chemin avec Thérèse d'Avila*, Éditions du Carmel, Toulouse, 2013, p. 215.

ces grands *oui* occasionnels, qui va jusqu'à me faire penser que ce thème de la vie spirituelle est tout à fait essentiel et déterminant pour chaque baptisé.

On pourrait aller jusqu'à dire que, finalement, ce qui détermine le cours de notre existence sur terre, ce qui en tracera les grandes lignes et permettra ou non que la grâce de Dieu se déploie en nous, fasse de nous des saints, et donc rayonne sur le monde, c'est que nous entrions, ou non, dans la dynamique de ce *oui* à sa volonté, à son œuvre en nous et à travers nous.

2. Quand Dieu prend les rênes d'une existence

Un éclairage supplémentaire sur la vie spirituelle nous aidera à mieux saisir encore l'importance de cette question pour la trajectoire de notre existence.

Je ne sais de quelles connaissances vous disposez ou non. Peut-être avez-vous déjà entendu parler des classifications que l'on fait habituellement de la vie spirituelle, pour laquelle on évoque différentes étapes – il existe diverses classifications –, et pour la vie de prière en différenciant « méditation » et « contemplation » – appellations qui n'ont en fait pas grand-chose à voir avec la signification que l'on donne habituellement à ces termes. Nous ne nous étendrons pas sur le sujet. Notre propos est simplement de mettre en relief un point essentiel : la différence qu'il existe entre une vie spirituelle que nous menons par nous-mêmes, que nous dirigeons à notre guise, et une vie spirituelle dont le Seigneur a pris les rênes.

Il est clair que Dieu ne veut pas faire de nous des pantins. Il ne veut pas nous diriger à notre place. Loin de nous l'idée d'inviter à un quelconque laxisme, à l'infantilisme, à la déresponsabilisation. Non ! Il n'empêche que tous les efforts que nous fournirons, tout ce que nous mettrons en œuvre pour Dieu, et selon Dieu, quelque valeur que cela ait et quelque importance que cela revête, ne sauraient remplacer ni égaler l'œuvre que Dieu lui-même pourra accomplir en nous, si nous le lui permettons.

Il est aisé de comprendre que cette remise de soi à Dieu, cette acceptation de la place qu'il désire prendre en nos cœurs et nos vies et des initiatives qu'il entend y avoir – pour notre plus grand bien, rappelons-le –, est étroitement liée à cette question du *oui*. Il est déjà bien d'accepter que Dieu ait une place dans notre vie, qu'il ait pour ainsi dire son mot à dire en ce qui nous concerne. Il est bien, même très bien, de mettre en œuvre tout ce qui est en notre pouvoir pour entrer en contact avec lui dans la prière, le rejoindre, l'écouter (méditation). Mais, lorsque le Seigneur décidera de prendre les rênes, ou de prendre le volant, si l'on choisit une autre image, ce sera une autre paire de manches ! Car cela nous demandera un lâcher-prise qui est difficile à vivre pour nous, qui avons si souvent besoin de contrôler les choses et de les comprendre. Or, cette bascule est cruciale pour notre trajectoire spirituelle. « Être le violon de Dieu est autre chose que jouer du violon pour Dieu[26] », dit le carme Wilfrid Stinissen. Voilà tout l'enjeu qui se rattache à cette bascule si importante de la vie spirituelle, qu'il ne faut bien sûr pas vouloir anticiper de notre propre initiative. Il s'agit de l'accepter et d'y consentir quand elle se présentera.

Nous ne pouvons, en si peu de lignes, en dire beaucoup plus. Ce propos veut simplement signaler que cette bascule en nous d'une vie pour Dieu à la vie de Dieu est importante dans un itinéraire spirituel et ne peut se franchir seul, sans un bon accompagnement spirituel. Soyons généreux dans

26. Wilfrid Stinissen, *L'abandon*, Éditions du Carmel, Toulouse, collection *Vives Flammes*, 2012, p. 66.

tous les petits *oui* que le Seigneur nous demandera au cours de notre existence, de manière à nous préparer à ce grand *oui* que constitue ce lâcher-prise, qui n'est bien sûr pas un saut dans le vide – même s'il peut être ressenti comme tel – mais un saut dans les bras d'un Dieu auquel nous avons appris à faire de plus en plus confiance. La fécondité d'une telle bascule est évidemment immense puisque l'on passe d'une œuvre de l'homme accomplie pour Dieu à l'œuvre de Dieu accomplie en l'homme.

3. Nul ne va seul au Ciel

Abordons à présent un autre élément tout à fait essentiel concernant l'enjeu de nos *oui* et leur fécondité. Cela nous aidera d'ailleurs à resituer correctement notre existence, qui n'a rien d'un parcours isolé. Il est en effet important d'avoir conscience, même si cela peut souvent échapper à notre perception, que ce que nous vivons, et la manière dont nous le vivons, a un impact non seulement sur notre entourage, mais bien au-delà. Il existe en effet une solidarité naturelle, mais aussi surnaturelle, entre les êtres humains. Si donc nous nous engageons à la suite du Christ, ce n'est pas seulement pour nous, pour notre bien, mais pour le bien et le salut des âmes. Dieu est l'unique Sauveur de tous et de chacun, mais il a choisi d'associer l'être humain à son œuvre, et donc de nous y faire participer.

Mettons-nous à l'écoute des deux Thérèse qui, chacune dans son langage, expriment cette vérité :

> « "Attirez-moi, nous courrons à l'odeur de vos parfums." Ô Jésus, il n'est donc même pas nécessaire de dire : En m'attirant, attirez les âmes que j'aime. Cette simple parole : "Attirez-moi" suffit. Seigneur, je le comprends, lorsqu'une âme s'est laissée captiver par l'odeur enivrante de vos parfums, elle ne saurait courir seule, toutes les âmes qu'elle aime sont entraînées à sa suite ; cela se fait sans contrainte, sans effort, c'est une conséquence naturelle de son attraction vers vous [27]. »

> « De fait, si celui qui commence fait de généreux efforts pour atteindre, avec l'aide de Dieu, la cime de la perfection, j'en suis persuadée, il ne va jamais seul au Ciel : il y mène à sa suite une troupe nombreuse [28]. »

Précisons au passage que la perfection dont parle sainte Thérèse d'Avila n'a rien à voir avec

27. Sainte THÉRÈSE DE LISIEUX, *Manuscrit C*, folio 34.
28. Sainte THÉRÈSE D'AVILA, *Vie* 11, 4.

l'impeccabilité. Il s'agit de la perfection de l'amour[29]. Si donc nous nous élançons vers Dieu, non sans combat et pesanteur, bien sûr, mais de tout notre cœur, nul doute que cela portera du fruit bien au-delà de notre petite personne. Cela devrait avoir de quoi nous stimuler, nous encourager aussi dans les moments plus difficiles. Cela nous demande évidemment un acte de foi, car cette fécondité échappe souvent à notre regard.

Nos *oui*, aussi petits soient-ils, ont donc un impact fort et important. Le dynamisme intérieur, la disponibilité à Dieu, l'amour dont ils témoignent influencent bien sûr le cours de notre propre existence, nous l'avons déjà dit. Mais ils ont également des répercussions sur les autres, sur leur propre avancée. Quelle grâce de pouvoir collaborer ainsi à l'œuvre de Dieu ! Et cela n'est-il pas à la portée de chacun d'entre nous ? Pourquoi rêver de faire de grandes choses, ou se lamenter de ne pouvoir agir dans tel

---

29. Sainte Thérèse d'Avila, *Le château intérieur,* « *Cinquièmes Demeures* » 3, 7 : « À nous, le Seigneur ne demande que deux choses : l'amour de Dieu et l'amour du prochain. C'est vers elles que doivent converger nos efforts. Si nous les accomplissons parfaitement, nous faisons sa volonté, et par-là même nous lui sommes unis ».

ou tel domaine comme nous le voudrions, alors que le Seigneur met en nos mains un moyen quotidien, permanent, de faire du bien autour de nous ? Il n'est pas rare en effet que nous nous égarions dans des désirs tout à fait irréalistes, que nous prétendions que, si notre situation était autre – si j'avais la santé, si je n'étais pas confronté à tel obstacle, si je n'avais pas souffert de telle chose, etc. – nous pourrions faire tant de bien pour Dieu et en son nom ! Ces pensées sont vaines et stériles. C'est ici et maintenant que nous pouvons faire le bien, avec la grâce de Dieu. Et ce bien s'enracine dans cette disponibilité que nous offrons à la volonté de Dieu, telle qu'elle se manifeste pour nous dans le très concret de notre existence.

Saint Charles de Foucauld exprime ceci, dans sa si belle prière d'abandon : « Pourvu que ta volonté se fasse en moi, en toutes tes créatures, je ne désire rien d'autre, mon Dieu. » Oui… demandons la grâce d'aspirer de tout notre être à ce que la volonté de Dieu se fasse, non seulement en nous, mais aussi en toute créature. Puisque nous croyons que cette volonté est bonne, bienfaisante. Et la meilleure manière que nous aurons de collaborer à cette extension de la volonté de Dieu dans les cœurs sera évidemment de ne mettre aucun obstacle – volontaire du moins – à sa réalisation en notre propre vie.

Il n'est pas de prédication plus puissante sur les cœurs que celle du témoignage. Il est bon et beau de prêcher la bonne nouvelle. Cela est tout à fait essentiel, et c'est un devoir qui incombe à tout baptisé, selon diverses modalités bien sûr. Mais une telle prédication aura d'autant plus d'impact qu'elle s'accompagnera d'un témoignage de vie en cohérence avec cette annonce. Nul doute que si nous témoignons de la joie d'avoir dit *oui* au Seigneur – et de lui dire *oui* chaque jour –, d'autres éprouveront le désir de mieux le connaître et de se rendre disponibles eux aussi à sa volonté.

CONCLUSION

C'est avec la Vierge Marie que nous désirons conclure cet ouvrage. Car c'est seulement en elle, et par elle, que chacun de nous pourra advenir pleinement à lui-même, en approfondissant de jour en jour son *oui* à la volonté du Père. Nous avons besoin d'être enfantés à cette vie nouvelle, cette vie pleine en Dieu, et c'est à la Vierge Marie que cette mission a été confiée. Méditons pour cela durant quelques instants un passage de l'évangile selon saint Luc, puis concluons par la prière à Notre-Dame du Oui.

> *« Comme Jésus disait cela, une femme éleva la voix au milieu de la foule pour lui dire : "Heureuse la mère qui t'a porté en elle, et dont les seins t'ont nourri !" Alors Jésus lui déclara : "Heureux plutôt ceux qui écoutent la parole de Dieu, et qui la gardent !" »* (Lc 11, 27-28).

Cette béatitude prononcée par Jésus s'adresse en premier lieu, bien évidemment… à sa propre Mère.

Qui, mieux qu'elle, a écouté la Parole de Dieu et l'a gardée ? Quelle tristesse que certains puissent voir en ces paroles de Jésus un rabrouement de la Vierge Marie ! Il désire au contraire montrer la profondeur et la grandeur de la béatitude attachée à l'accomplissement de la volonté du Père, à l'accueil et à la mise en œuvre de sa Parole, puisque ce bonheur égale, voire surpasse, celui d'avoir été la Mère du Fils de Dieu…

Demandons donc à la Vierge Marie d'inscrire au plus profond de nos cœurs cette certitude : dire *oui* à Dieu, pleinement, toujours et partout, comme elle l'a fait, est un chemin de bonheur, de plénitude, de fécondité. Un chemin qui passe par la croix, certes. Un chemin exigeant, à n'en pas douter. Mais un chemin de béatitude.

Je vous propose à présent de faire vôtre cette prière à Notre-Dame du Oui, puis d'accueillir la bénédiction que le Seigneur désire faire reposer sur chacun de nous, afin que nous grandissions, jour après jour, dans l'accomplissement de sa volonté si bienfaisante.

« Notre Dame qui, par votre Oui,
avez changé la face du monde,
prenez près de vous ceux qui veulent dire *oui*
pour toujours.
Vous savez le prix de ce mot,
faites que nous ne reculions pas
devant ce qu'il exige de nous ;
apprenez-nous à le dire comme vous,
dans l'humilité, la simplicité
et l'abandon à la volonté du Père.
Demandez à votre fils, Jésus,
que nos *oui* quotidiens servent plus parfaitement
la volonté de Dieu
pour notre bonheur et celui du monde entier.
Amen [30]. »

« *Que le Dieu de la paix, lui qui a fait remonter d'entre les morts, grâce au sang de l'Alliance éternelle, le berger des brebis, le Pasteur par excellence, notre Seigneur Jésus, que ce Dieu vous forme en tout ce qui est bon pour accomplir sa volonté, qu'il réalise en nous ce qui est agréable à ses yeux, par Jésus Christ, à qui appartient la gloire pour les siècles des siècles. Amen* » (He 13, 20-21).

30. Prière attribuée à saint Charles de Foucauld.

POUR ALLER PLUS LOIN

Toute formation, toute lecture, n'a d'intérêt véritable que dans la mesure où elle impacte notre existence. Cet ouvrage s'est voulu simple et concret. Il me semble cependant opportun de proposer, à ceux qui le souhaitent, quelques exercices pratiques pour les aider à appliquer à leur propre vie les différents points abordés dans ce livre. Ces propositions ne sont pas exhaustives. Chacun pourra bien sûr les compléter librement.

Voici donc quelques questions et pistes de réflexion ou de prière à explorer. Elles ne sont pas interdépendantes et peuvent être suivies dans l'ordre, ou le désordre.

– Parmi les personnages bibliques évoqués (ou plus largement), lequel m'interpelle le plus et pourquoi ? À quoi le Seigneur m'invite-t-il, personnellement, en écho à ce qu'a vécu ce personnage ?

– « Me voici » : quelle résonance ces mots, et ce qu'ils expriment, ont-ils en mon cœur aujourd'hui ?

– Quels sont les obstacles, les résistances intérieures qui me freinent dans ma réponse à l'appel de Dieu ? Puis-je les nommer ? Puis-je les remettre au Seigneur, par les mains de Marie ?

– Où en suis-je de ma conception de la liberté ? Quelle est au juste la liberté à laquelle j'aspire ? Est-ce la véritable liberté des enfants de Dieu, ou une liberté toute mondaine ?

– Où en suis-je de ma connaissance et de mon expérience de Dieu, de mes « images » de lui ? Suis-je convaincu que Dieu est mon allié, mon libérateur ? Ou ai-je une image déformée de lui, et si oui, laquelle ?

– Qu'en est-il de ma confiance en Dieu ? Suis-je habité par des peurs ? Si oui, lesquelles ? Quelles sont mes expériences positives en ce domaine (actes de confiance posés par le passé, qui ont porté du fruit, par exemple) ? Quels sont mes désirs ?

– Savoir dire *non* pour savoir dire *oui*… Suis-je ferme dans le *non* au péché, à tout péché ? Ou y a-t-il des domaines où je suis encore dans la compromission et où je ne fuis pas assez les occasions de péché ?

– Savoir dire *non* pour savoir dire *oui*… Où en suis-je dans le nécessaire discernement de ce à quoi je peux et suis appelé à dire *oui*, et ce à quoi je dois apprendre à dire *non* (ne serait-ce que par réalisme) ?

– L'accueil du réel. Quels sont les lieux où je vis cet accueil, et ceux dans lesquels je n'arrive pas à le vivre ? Qu'il s'agisse de l'accueil de moi-même, de mon histoire, des situations ou personnes que je côtoie, etc.

– L'écoute. Suis-je dans une disposition d'écoute, de Dieu, de moi-même (écoute de mes besoins, de mes aspirations profondes) et du prochain ? Ou suis-je enfermé dans mes propres conceptions, mes idées, mes jugements, mon bruit intérieur ? Comment puis-je progresser en ce domaine ?

– La recherche de cohérence. Suis-je attentif à ce que mes paroles et mes actes, mon cœur et mon comportement, soient en cohérence ? Quelles sont les discordances actuelles de mon existence ?

– Ma vocation. Que puis-je dire de l'appel du Seigneur sur ma vie aujourd'hui ? Puis-je tracer une sorte de trajectoire de ma vie, des moments forts où le Seigneur m'a appelé ? Qu'en est-il de ma mission profonde (être plutôt qu'agir) ?

– La prière. Où en suis-je de ma vie de prière, de sa ferveur, de sa fidélité ? Est-ce que je donne à Dieu le temps qui lui revient ? La Parole de Dieu a-t-elle une place dans mon existence ? La vie sacramentelle, en particulier l'Eucharistie ? L'oraison ?

– La formation. Ai-je un cœur enseignable ? Suis-je capable de me laisser instruire, interpeller, par les événements, les personnes rencontrées, les lumières que l'Esprit Saint met en mon cœur ? Est-ce que je prends le temps de me nourrir spirituellement par de bonnes lectures (ou autres) ?

– Jusqu'où suis-je prêt à aller avec le Seigneur ? Quelle place a-t-il aujourd'hui dans ma vie ? Suis-je désireux de lui faire confiance au point de lui laisser un jour les rênes de mon existence ?

Il ne s'agit donc que de quelques pistes, chacun pourra de lui-même compléter. S'il se livre dans la réflexion et la prière à celles déjà proposées, d'autres émergeront certainement, car l'Esprit Saint les lui suggérera.

Pour approfondir ce thème, je ne peux que conseiller également :

– de vivre des temps de *lectio divina* sur des textes de l'Écriture ayant trait à cette thématique du *oui*, du *« me voici »*, de la réponse à l'appel de Dieu. Les Saintes Écritures regorgent de textes ayant cette teneur ;

– de vivre un temps de retraite spirituelle annuel, moyen par excellence de se mettre à l'écoute du

Seigneur, de lui donner le temps de nous parler et des chances d'être entendu par nous ;

– de chercher un accompagnement spirituel pour pouvoir être aidé, soutenu dans ce cheminement spirituel que nous ne pouvons vivre seul.

TABLE DES MATIÈRES

INTRODUCTION 7

1. À L'ÉCOLE DE LA SAINTE FAMILLE 9

1. Le *oui* de Jésus 9
2. Le *oui* de la Vierge Marie 14
3. Le *oui* de saint Joseph 18

2. « ME VOICI » 21

1. Abraham, « notre père dans la foi » 22
2. Moïse, l'hésitant 26
3. Samuel, l'écoutant 29
4. Quelques récits d'appels 31

3. « QUE VOTRE NON SOIT NON ! » 39

1. Le *non* au péché 40
2. Nécessité du discernement 45

4. La volonté de Dieu 49

1. Un sujet… délicat ! 49
2. Quelle est donc la volonté de Dieu ? 51
3. Qu'advient-il de notre liberté ? 52
4. « Faisons route ensemble, Seigneur ! » 55
5. Le socle de la confiance 58

5. Pistes concrètes de croissance 65

1. L'accueil du réel 66
2. L'écoute 70
3. La recherche de cohérence 75
4. La vocation personnelle 79
5. La prière 84
6. La formation 90

6. La fécondité de nos oui 93

1. Le seul don que nous puissions faire 93
2. Quand Dieu prend les rênes d'une existence 96
3. Nul ne va seul au Ciel 99

Conclusion 105

Pour aller plus loin 109

Pour en savoir plus
sur les Éditions des Béatitudes,
catalogue et nouveautés, auteurs, vidéos, actualités…,
consultez notre site :
www.editions-beatitudes.com

Suivez-nous sur les réseaux sociaux :

Éditions des Béatitudes

@editionsdesbeatitudes

Composition et mise en pages :

CONTINENTAL
— MÉDIAS —
45000 Orléans

IMPRIM'VERT®

Dépôt légal : novembre 2023 N° imprimeur : 112376863

Imprimé en France par Présence Graphique - Monts.